古钱淘出万千神秘

张新宇

经济日报出版社

图书在版编目（CIP）数据

古钱淘出万千神秘 / 张新宇著 . -- 北京：经济日报出版社，2016.6（2024.12重印）
ISBN 978-7-80257-925-5

Ⅰ . ①古… Ⅱ . ①张… Ⅲ . ①古钱（考古）—介绍—中国 Ⅳ . ① K875.6

中国版本图书馆 CIP 数据核字（2016）第 033576 号

古钱淘出万千神秘

作　　者	张新宇
责任编辑	林　珏
出版发行	经济日报出版社
地　　址	北京市西城区白纸坊东街2号院6号楼
电　　话	010-63538621（事业发展中心）
网　　址	www. edpbook. com. cn
经　　销	全国新华书店
印　　刷	北京文昌阁彩色印刷有限责任公司
开　　本	710mm×1000mm　1/16
印　　张	17.75
字　　数	180 千字
版　　次	2016 年 6 月第一版
印　　次	2024 年 12 月第二次印刷
书　　号	ISBN 978-7-80257-925-5
定　　价	42. 00 元

本社网址：www. edpbook. com. cn，微信公众号：经济日报出版社

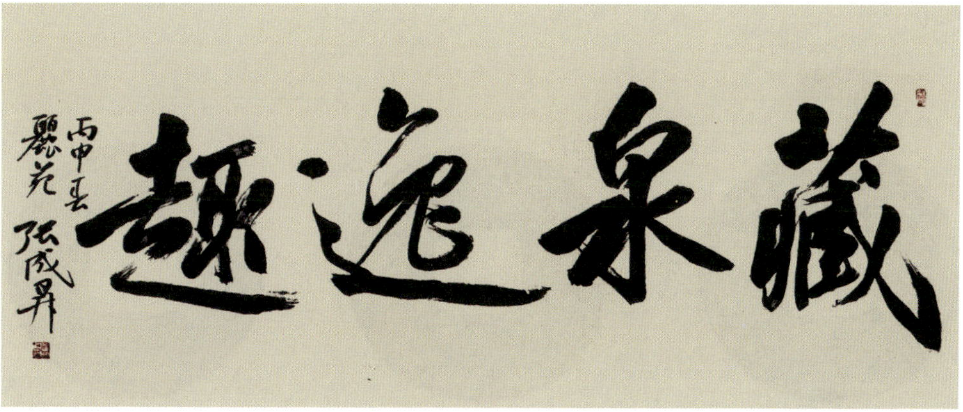

秦前

· 商周
天然贝钱
【正面】

· 西周
（战国）铜贝钱

· 战国
蚁鼻钱
（楚贝）

· 战国
燕明化钱

汉

· 西汉
郡国五铢
（上穿横）

· 新代
大泉五十
（摄政大泉）

· 东汉
建武五铢

魏晋

· 三国
蜀五铢

· 西晋
西晋五铢

· 东晋
汉兴

·北齐
常平五铢

·北周
五行大布

隋唐

·隋代
开皇五铢

·唐代
开元通宝

·唐代
乾封泉宝

·南唐
开元通宝
（篆体）

两宋

·宋代
宋元通宝

·南宋
建炎通宝

夏金元

· **金朝**
泰和通宝

· **辽代**
重熙通宝

· **西夏**
天盛元宝

· **元代**
至大通宝

明代

· **明代**
洪武通宝

· **明代**
永乐通宝

· **明代**
宣德通宝

· **明代**
嘉靖通宝

· **明代**
隆庆通宝

· **明代**
万历通宝

· **明代**
泰昌通宝

· **明代**
天启通宝

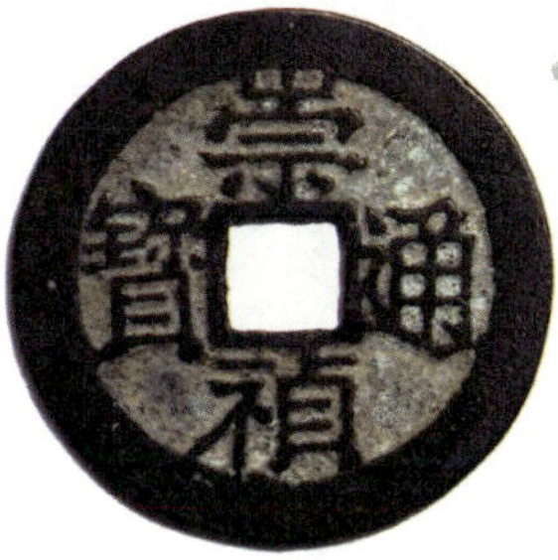

· **明代**
崇祯通宝

清代

· **清代**
顺治通宝

· **清代**
康熙通宝

· **清代**
雍正通宝

· **清代**
乾隆通宝

· **清代**
嘉庆通宝

· **清代**
道光通宝

· **清代**
咸丰通宝

· **清代**
同治通宝

· **清代**
光绪通宝

· **清代**
宣统通宝

· **商周**
天然贝钱
【正面】

· **清代**
光绪元宝银元
（俗称“龙洋）

· **民国**
铝币

· **民国**
镍币

· **民国**
铜币

（左）秦国半两钱、（右）西汉早期半两钱

（新莽）小泉直一、中泉三十、货泉、大泉五十钱

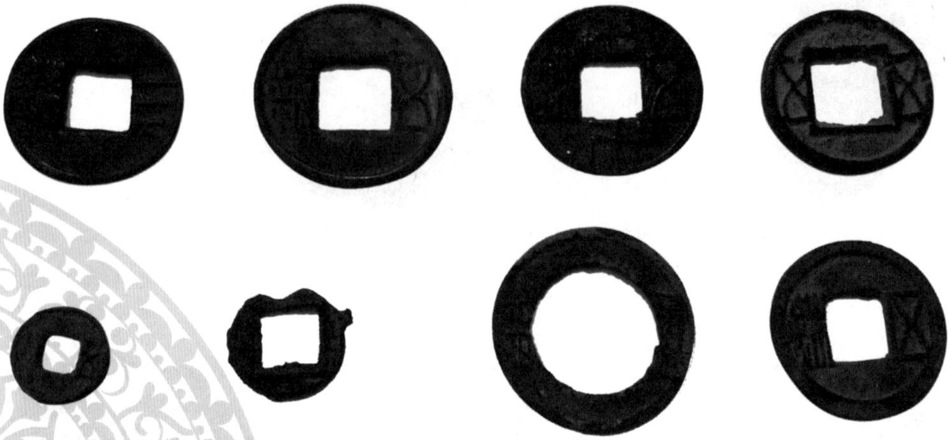

（汉）三铢、五铢、万福异品五铢、五五铢、冥小五铢、董卓五铢、延环五铢（或凿五铢）、隋五铢钱

（北宋）熙宁元宝、重宝钱

· **宋代**
庆历重宝

· **宋代**
宋元通宝

· **宋代**
熙宁重宝

· **宋代**
政和重宝

· **南宋**
淳熙元宝

· **南宋**
大宋元宝
（铁钱）

· **南宋**
大宋元宝

· **南宋**
景定万年
（宫钱）（放大）

· **南宋**
建炎通宝

· **南宋**
开禧通宝
（铁钱）

· **南宋**
绍熙通宝

· **南宋**
绍定万岁
（宫钱）（放大）

· **南宋**
绍熙元宝

· **南宋**
绍兴元宝
（篆体）

· **南宋**
皇宋元宝

· **南宋**
绍兴元宝

· 宋代
淳化元宝
（草体）

· 宋代
淳化元宝
（行体）

· 宋代
皇宋通宝
（楷体）

· 宋代
皇宋通宝
（隶体）

· 宋代
皇宋通宝
（篆体）

· 宋代
嘉祐通宝
（行体）

· 宋代
嘉祐元宝
（隶体）

· 宋代
嘉祐通宝
（篆体　大字）

·宋代
景祐元宝
（隶体）

·宋代
景祐元宝
（篆体）

·宋代
明道元宝
（行体）

·宋代
明道元宝
（篆体）

·宋代
绍圣元宝
（草体）

·宋代
绍圣元宝
（行体）

·宋代
绍圣元宝
（篆体）

· **宋代**
天圣元宝
（隶体）

· **宋代**
天圣元宝
（篆体）

· **宋代**
圣宋元宝
（行体）

· **宋代**
圣宋元宝

· **宋代**
圣宋元宝
（篆体）（宋大褂子）

· **宋代**
熙宁元宝
（楷体）

· **宋代**
熙宁元宝
（隶体）

· **宋代**
熙宁元宝
（篆体）

· **宋代**
熙宁元宝
（篆体　大字）

· **宋代**
祥符元宝
（行体）

· **宋代**
宣和通宝
（隶体）

· **宋代**
宣和通宝
（篆体）

· **宋代**
元符通宝
（行体）

· **宋代**
元符通宝
（篆体）

· **宋代**
元祐通宝
（行体）

· **宋代**
元祐通宝
（篆体）

· **宋代**
元丰通宝
（行体）

· **宋代**
元丰通宝
（隶体）

· **宋代**
元丰通宝
（篆体）

· **宋代**
政和通宝
（行体）

· **宋代**
政和通宝
（隶体）

· **宋代**
政和通宝
（篆体）

· **宋代**
治平通宝
（采字平）

· **宋代**
治平通宝
（楷体）

· **宋代**
治平通宝
（篆体）

· **宋代**
治平元宝
（篆体　大字）

· **宋代**
重和通宝
（隶体）

· **宋代**
重和通宝
（篆体）

目 录

CONTENTS

战国　早期铜币

宋代　元丰通宝（篆体）

明代 嘉靖通宝

辽元泉珍

元代 至正通宝

明清戏说

去伪存真

自序

还是很小的时候，在老祖母的箱底里翻出了一枚八卦大铜钱，听父亲讲，那是清朝同治年间的大花钱，也算得上是祖上留下来的传家宝了。那时候，我虽不懂得历史上有古钱那回事，更对大花钱是个啥玩意不甚了解，但也总是爱不释手，时常也拿出来在一帮同龄娃娃们面前炫耀一下。后来，邻里女娃子们踢毽子，踢坏了，常将毽底里面裹着的铜钱随手一扔，我便时常捡起来据为己有，久而久之，那些个不起眼的小铜钱也就一天比一天多了起来。

清代　八卦花钱（厌胜钱）【正面】

人渐渐长大了，上学后也学了点历史，知道了铜钱这个东西原来是古代的一种钱币。可这种钱币根本不能与当时那个年代“一分钱掰成两半花”的人民币相提并论，既然是个不值钱的东西，也就再没有往深处去探究。直到上初中学中国古代简史时，老师要求我们把历史纪年表通通背熟背会，我或许是太笨的原因，常常是前熟后忘，为此，没少挨历史老师的批评。一次偶然的机会，同桌在回答老师提问时，将“秦

清代　八卦花钱（厌胜钱）【背面】

始皇统一度量衡”自编成了“秦始皇‘半两’钱统一中国”，从而引发出哄堂大笑，继而老师将古钱的事与历史略为介绍了个大概。也就在那一瞬间，我忽然茅塞顿开，一有空就将那些收集的小铜钱翻出来，按照钱文上的不同名字一一对照各个朝代，引伸出时间顺序和历史大事件，反倒使难题很快得到了化解。从那之后，秦半两、汉五铢、王莽泉、唐开元、宋元宝、元交钞、明洪武、清康熙、民(国)铜板，逐步印证在了脑子里，也渐渐地对那个原先不值钱的“小东西”产生了集藏的兴趣。

俗话说得好，兴趣是增长知识的最好老师。我对历史的兴趣爱好或许就是从收藏古钱币开始的。上高中那时候，同学们大多喜欢集邮，也经常把他们厚厚的集邮册拿到学校里来，在同学面前炫耀一番，令大家好不眼馋。说实话，我那时也时常想跟那些同学一样，拥有一本属于自己的集邮册，也想学他们能时常从书包里拿出来，在同学们面前摆弄上半天，以显摆自己的收藏成果之丰硕，可我当时没那条件和资本，平时连个烧饼都舍不得花钱买一个，哪还有那闲钱去购一套套价格不菲的邮票，从而也打消了想跟在别人屁股后面屁颠屁颠作乐的念想了。不过，回到家中，还是能找到自我满足的开心，那就是把抽屉里的一盒子小铜钱全铺出来，自娱自乐地把玩一番，满足一下自己那份难得的虚荣。

当然，中国钱币历史久远，品种也名目繁多，即使同一种钱号也有不同的版别，这么细算起来，我抽屉里的那点存货还仅仅是一点点小皮毛，根本谈不上是个正儿八经的收藏。况且上世纪八十年代初，当时的小县城也没有现在较为完善的古玩交易市场，想多攒点缺项还真是难上加难。所幸的是，我这人向来不小气，经常请一些家住农村上学路远且来去不方便的同学，在阴天下雨的时候到家中与我同吃同住，时间长了，次数多了，他们就总想找机会来回报一下，于是，我也学会了“狮子大开口”，让他们在方便的时候给我找点小铜钱来玩。几年下来，我还果真收集了不少，我那原先不甚丰满的小古钱也就这么一天天多了起来。

时光转眼一去三十多年了，儿时的一点兴趣爱好，随着“穿起绿军装，扛枪保边疆”的环境变迁，也逐渐淡出了视线，而那堆曾经引以为豪的古钱币，依旧尘封在老家的抽屉里，散作一团。直到前些年，或许是受民间收藏热的影响，又开始把那段中断了近二十年的兴趣又捡了起来，也时常利用出差之便或节假日出行旅游的机会，抽空去古玩市场转一转，也不论三七二十一，凡是自己没有的，只要看上眼且价格合适，一律收入囊中。得空的时候，就钻进“钱眼”里去，细细查资料，找出处，渐渐地对这堆古钱有了初浅的了解，也知道了古钱币如何分类收藏、如何鉴别真伪、又如何赏析品鉴，直至去伪存真，然后打印条目，封装入册，如此周而复始，上至战国春秋，下至民国乃至现代的钱币，大部分都能“收刮”在册子里了，现在也可以拿出来在朋友们面前显摆显摆。

诚然，我现在的一点收藏与藏泉大家们比起来，仍然是冰山一角，尤其是在谈“钱”和说“爱”上，更是“小巫见大巫”，但不管怎么说，藏有藏的价值，谈有谈的乐趣，爱有爱的意义。我便试想，如果能把这些乐趣和收藏过程中的心得以及个人对钱币知识的理解整理出来，汇集成册，与大家（尤其是初藏爱好者）来一同分享，既可以弘扬古钱币文化，又可以丰富大家的娱乐生活，一举两得，岂不是件好事？也算作是这些年来个人“钻钱眼”的一点奉献罢了。

二〇一四年十二月于北京

开篇闲话

不学无术难觅钱

俗话说，乱世跑当行，盛世玩收藏。

随着我国对外开放，经济蓬勃发展与人民生活水平的显著提高，迎来了新时期迈向小康的盛世繁荣。收藏爱好也成为了广大百姓追捧的热门话题。如今，无论走到哪里，各种门类齐全的爱好与收藏，已遍布大江南北，相应催生出古玩市场的兴盛和淘宝大军的异常活跃。

我这个小小的屁民，除了对古钱币感兴趣之外，对古玩市场中的其他物件，大都只“过眼烟云”地瞅一眼，比起那些收藏名人字画或古玩大件的名人大家来说，确实“俗”气了点，但不管怎么说，也算成为了收藏大军中一名积极且活跃分子了。

玩古钱首先应知其历史发展的演变历程。据我了解，早在殷商中晚期以前，物产极不丰富，那时先民们的市场交易大多仍以“实物对等交换”来进行，只要双方相互看中了对方的东西并私下答成了一致意向，所需之物便可交换得来。后来，随着社会经济的发展和商业活动交易量的增大以及流通的需求，为方便交易活动，人们通过“约定俗成”的规矩，将天然海贝当作交易的媒介来替代行用，这就是“货币”早期雏形的出现。天然币的使用虽极大地方便了社会交易行用，但也易受风化和损坏等因素的影响，人们又开始利用质地较为坚硬的骨、石和玉来代替，从而相应产生了经过手工打磨形似海币的骨币、石币、玉币等改进品种。这种“币”尽管比天然贝有了长足的进步，但也并非由国家统一铸行而成，仍以民间自制为主，无形中又摧生出私自打磨现象的增多和泛滥，从而严重干扰和影响了日常经济秩序，国家对此现象也难以实施有效的管控，更不利于“王权”政治意志的体现。于是，又衍生出由国家统一铸行的仿海币样式的早期金属铜质币，尽管天然材质的“贝”虽已退出了流通领域，但“贝”与“币”皆音，“币的概念也由此形成，并成为国家统一规范的货币名称。再后来，为了体现货币为王者所拥有，开始在金属币上标注铭文，并为国家政权所垄断，渐渐地人们把这种依靠政权统治来维护(古代军队的主要兵器为戈)的金属物，即“金”和双“戈”组成的东西称之为“钱”，钱或钱币的概念，才由此产生并延用至今。

要说我对古钱币的爱好，也是有一段曲折而“不可告人”的坎坷，先交“学费”长知识自不必说，就是冤枉路也没少跑，而且，“钱”没得到，还多次被懂行人取笑过。尤其是对钱币知识了解不深，不知“钱”从哪儿出的那段时间，经常会出现“南辕北辙，本末倒置”的现象，从而落下过令人啼笑皆非的闹剧。

在我国漫长的政权更迭史上，我国古代钱币的历史分布也有一定的区域性和地域性。如殷商时代中晚期之后的原始青铜仿制海币，就是如此。那时候，殷商文明崛起在现在的中原地区，产地也就是现今的河南安阳及周边百十公里一带，由于受交通条件所限，分布区域也大多在中原地区，远不过山西南部、陕西东部、安徽北部、山东西南部和河北南部等地区，也只有这个区域能时常见到这种币，而其他地方却很难见着。再比如，春秋战国时期，楚地产的“蚁鼻钱”，民间俗称“鬼脸钱”，你偏要跑到燕赵大地去寻宝（当然现代交通发达，也会偶有所见），则完全不在理儿。

战国　早期铜币

笔者在这里所说的曾被行家取笑的“南辕北辙”笑话，就是因为初入门不了解钱币的地域性分布特征，才闹出来的笑话。那次，单位组织去福建参观考察，因赶上了周末，大部分地方的古玩市场交易日都安排在这个时间（除北京报国寺周四开市是个例外），我好不容易请了半天假离队独行，也好不容易挤上公交车，来到福州市鞋城对面的旧花鸟市场。这里多以原始的摆地摊形式进行古玩交易，本想在此偏僻之地能捡个便宜，可一上午跑转下来，腰酸腿疼脑子胀不说，问了个遍也没问出个啥名堂，直到一位“老江湖”瞪眼看了我半天，反问道：“从哪儿来的？”我说：“北京”。那位摊主再也不答理我了，只侧过脸去，对旁边的同行歪嘴一笑，丢下一句没头没脑的话：“二球货，找错地儿了，回家玩去吧！”

乘兴而去，扫兴而归。一路上，我也不得其解摊主那句话的真实含义。不过，不用多说，“二球货”肯定是不怀善意地在贬我，而“找错地儿了”，肯定也不是说找到他那一堆破铜烂钱且掺假的摊位有什么不对，而是不该从大老远的北京跑到福州来找那种原产自北方的钱品，自然是对我“乱弹琴”表现的不满，至于后面的“回家玩去吧”，更是意味深长，善意地理解，就是让我回北方找我想要的那种钱，不客气地讲，就是对我下了“逐客令”，让我别不懂装懂，到处丢人现眼，回家玩玩别的去，也总比在外“班门弄斧”强。

想想也是，《左传》曾经教导我们，“劳师以袭远，非所闻也”。我从北京大老远而来，不是来找钱，而是来找骂。闹出“南辕北辙、本末倒置”这样的大笑话来，肯定要让行家们耻笑。由此看来，玩“收藏”这个东西，不是随心所欲或一厢情愿，把握不准规律，不管三七二十一随处跑或随便找，是很难如愿以偿的。这就好比，浙江东阳产木雕，你就不能随便跑到淮南“豆腐之乡”去寻宝，劳神费力且不说，也很难有“众里寻他千百度”的机会，只有先把准了原产地的脉络和传承路径，划定好范围，才是正确的选择。这既要有真才实学的先懂“行”，方才能有行得通的“真入行”。

有了这次惨淡的失败教训，我也明白了一个道理，沙里总有金，愚者不识货，不学无术永远跨不进“玩收藏”这道门槛，没有专业知识作铺垫，终究成不了大器。

西汉　更始五铢

吸取了教训，我便没事多翻翻书，多查查有关中国古钱币发展演变的历史脉络，没事也常到古玩市场老江湖们面前去聊聊天取取经，在不耻下问中，不断丰富知识，增长见识。尤其是他们常年累月“跑货”的那帮人，凭他们日积月累的经验，更值得参考。

在他们眼里，陕西地下皇陵多，深埋黄土皆是宝；河南中原历史久，青铜瓦陶遍地有；河北燕赵灵秀地，稀罕古董民间找；最数山西钱币多，晋商存货真不少。事实也确实如此，我国五千年的华夏文明，源起于中原，发展于中原，成就于中原，中原地区才是“物华天宝，人杰地灵”的淘宝圣地，离开这条主脉，想得到你所喜爱的东西，还真有点费劲。

西藏　梅花铜币（旧噶厦政权铸）

有了这样的见识，于是淘起宝来也就容易得多了。这些年，我没少往山西跑，平遥古城老字号没少看，晋商钱庄的大门也没少迈，要的就是多长见识，多了解晋商的发展史，多学点钱币知识。当然，太原的南宫、大营盘、开化寺等古玩市场也逛得最多，大多数古钱币也多淘于此。北京的报国寺更没少去，流散于各地，尤其是唐代、五代十国、北宋、辽、金、元、西夏等币种，颇有所得。石家庄、保定、郑州的古玩城也不能不去，而且去了，是见好就“收”，机不可失。齐鲁和江浙一带也不能因为远，视而不去，那里毕竟是吴越文化的发源地，特别是宋王朝南迁之后，“暖风熏得游人醉，直把杭州当汴州”，南宋钱币大多产于此，也行用于此居多，我曾经三下苏杭，要的就是据其货，饱私囊。

如今，翻开自己收藏的各个品系，也确实能拿得出手了。回顾往事，别有一番滋味在心头，作为曾经受过挫折的人，我只想借用一句流行语告诫大家，玩收藏要多学多看，没文化是真可怕。

戏说古钱别名多

已有些时日，我们“三剑客”没像往常那样在一起闲聊小聚了。据说王动“王作家” 因死党马江喜占据了“逵溪”那块宝地，正帮他整理编写“戴逵故里”的那些前人与旧事，至少浙江嵊州那个地方已经把他的魂儿给勾走了。徐韬“徐教授”也整天忙着天南海北地推广新教材，且崇拜启功大师的书法，也时常借四方云游之机，拜访一些书法名人大家，收藏了墨宝得空也会邀我俩一起去欣赏，日子久了也就成了大家小聚的借口。

不日，徐教授西京巡游归来，邀约小聚，哥仨几杯小酒一下肚，不约而同地问起了各自都忙啥了？看他俩一副“春风得意马蹄急”的样子，我自觉“灰头垢脸言难尽”，弱弱地把手里写的这个东西啰嗦了两句，没想到大家异口同声都夸好，可徐教授话锋一转又忙挑我刺儿，说我是玩古钱又写古币，你知不知道“青蚨”是个啥意思？我以为他只是拿“青浮草”（一种目前已知的最小被子植物，大多依靠其他植物的支持而生长）的生长特征来说钱与人的相互依存关系，并考考我，没曾想，我刚一张口就被堵了回来。罚酒过后，他才将“青蚨”与钱的关系说出了个大概来。说实话，我还是头次听说钱币还有“青蚨”这么个怪异的外号。自知才疏学浅，再不敢在他人面前乱说钱了，还是“王作家”给我留面子，鞭策我先把有关钱币的知识弄懂弄通，把底子做扎实了，写出来的东西才更有价值。

民国　壹圆银元（俗称“袁大头”）

酒席散尽，人各东西。然而，哥俩的意见还是令我寝食难安，想想哥俩说得也对，写钱的人连钱的别称都不知道，也太令人怡笑大方了。从那天之后，我一连几天不提一个写字，而是把有关“孔方兄”的情况摸了个透，老老实实做一个“知之为知之，不知为不知，是知也”的投石问路者。

倒腾了几天下来，不能说书翻破了多少卷，至少是手忙得酸疼，也确实网罗了一大堆东西，初步一统计还真够吓人的，仅钱这个东西的外号、雅称就不下127个，没有记载或指代性的别称更是不计其数（如铜子儿、臭东西、小串子等等），仅这百十多个别称

民国　壹角银元（俗称“小光头”）

清代　光绪元宝银元（俗称“龙洋”）

民国　开国纪念银币（俗称“孙小头”）【背面孙中山头像】

中，有些早已家喻户晓（如贝、币、布、货、泉、钱、干货、元宝、麻钱、孔方兄、铜臭、铜板儿等等），还有相当一部分不为人知或不熟（如青蚨、楮镪、上清童子等等），还有些常人所不知的历史典故名号（如邓通、阿堵物、元宝等等）等等。对于那些能一目了然的，暂且忽略不计，而不明不白的，赶紧拿笔抄录了下来，细细品味还真有趣。

泉——钱的“雅”称

因货币如泉水一样流通不息，汉代统治者出于聚敛财富的愿望，又不便张口要钱，遂将“钱”用“泉”来代称。以示绢绢细水汇于一眼而出。直到现在，钱藏爱好者仍以“泉友”相称，而从事钱币收藏的那些人也有了一个不俗的雅号“泉家”。

孔方兄——钱的“谑”称

古钱币的型制大多是“外圆内方孔”，而“钱”字又是由“金、戈、戈”组成，“戈”与“哥” 同音，有金哥哥或家兄之说，且钱这个东西从不离身，形似于同胞兄弟一样，手足难分，舍之必穷，得之必富。旧时的文人向来自视清高，张口提钱有伤大雅，就引用“孔方兄”来代指。明代袁宏道曾有诗云：“闲来偶读《钱神论》，始识人情今益古。古时孔方比阿兄，今日阿兄胜阿父”。诗中巧借钱的别称，尖刻地讽刺那些把金钱看得比亲爹还重的人。

阿堵物——钱的“代”称

此名源于南朝刘义庆《世说新语》的记载。意思是说西晋时期有个人叫王衍，自命清高，无论在何种场合，从不谈钱。他老婆想试探一下“王清高”到底会不会有误口，便趁其熟睡之际，在其床边铺满了钱币，“王清高”一觉醒来令仆人赶快将这些钱拿走，但至始至终未提到一个“钱”字，而是用是当地方言“阿堵物”来代称（“阿堵”即“这个”的意思），后来“阿堵物”便成为钱的代称。

宋人有“爱酒苦无阿堵物，寻春哪有主人家？”的诗句，戏说自己无钱下酒的无奈。

青蚨——钱的“美”称

晋代干宝的《搜神记》中有这样一则神话，是说南方有一种昆虫，名叫青蚨，也叫鱼伯，形状如蝉，母青蚨与子青蚨相依为命，只要抓到了子青蚨，母青蚨必然会跟随而来。据说有一商人利用其习性，将母青蚨和子青蚨的血分别涂在钱币上，然后再用涂有母青蚨血的钱去购物，用不了多久，那些花出去的钱又能飞回来。那个商人见此法非常奏效，便经常行之，总有花不完的钱。后来，这个迷信却在民间广为流传，并以此指代金钱。唐代诗人寒山曾有“囊里无青蚨，箧中有黄绢”来自嘲；清代诗人也有“酒待青蚨尽，诗随败叶删”的开心之时。据说北京著名的老字号“瑞蚨祥”绸布店，就是从“瑞云焕彩，青蚨还钱”一语演化而来。

邓通——钱的“衍”称

据说邓通是西汉文帝时期的一位宠臣，官居上大夫，此人有“拍马屁”一绝的外号。听说文帝身上患了痈疾，他就用口去帮皇帝吮脓疱，以解其痛苦；皇帝痔疮犯了，疼痛难忍，他便俯身用嘴帮皇帝舔，以缓疾痛。为此，文帝大受感动，当即赐他一座铜矿山作为奖励，并允许其私铸钱。邓通便由此富甲天下，钱流四方，后世遂以“邓通”作为钱币的“衍”称。《金瓶梅》第三十回中就有“富贵必因奸巧得，功名全仗邓通成”的诗句，以讽刺那些不走正道、梦想发财的人。

铜臭——钱的“俗”称

本意为铜钱的臭气，后常用来讥讽惟利是图的人，也借指金钱。西晋司马彪在《九州春秋》中讲了一则卖官买官的典故。说是东汉时，有一个叫崔烈的人，用五百万钱买了个相当于丞相的司徒官职，由于司徒与太尉、御史大夫合称“三公”，是掌握国家军政大权、辅助皇帝的最高长官，可谓人上之人。崔烈当官后，朝中下级官员虽对他当面恭维有佳，但背后总会对他的丑行议论纷纷，甚至不惜一顾。有一天，崔烈问儿子，“人们对我当上三公有何议论啊？”儿子据实相告：“论者嫌如其铜臭”。这就是后来“铜臭”一词的来由，有贬低之意，现在也借喻丢失人格，唯利是图，把钱看得太重的人。

白水真人——钱的“意”称

新代 王莽货泉（俗称”白水真人“）

据《后汉书·光武皇帝本纪》载：王莽篡位后，对先前的汉皇帝刘氏很忌讳，在铸钱这个问题上不想再提“钱”字，而“钱”字的繁写隐有金和刀之意，又正好由“刘”姓的繁写字是“卯、金、刀”三部组成，为回避此字，故将钱币面文改为“货泉”，将此二字拆开来就是“白水真人”四字，后人常以此意来代称钱，而延用至今。

上清童子——钱的“仙”称

据唐代《博异志》载：唐太宗贞观年间，宰相岑文本在一座山庄里避暑午睡，忽然有人敲门将其吵醒，问下人何人在此吵扰？下人报告说有“上清童子元宝”小道士特地来参拜岑相。岑文本向来信奉道教，急忙命人将小道士带来相见，二人一直谈方论道，不知不觉到了日落时方，小道士方才起身告辞。下人送小道士而去，可小道士没走多远，就在院墙下不见了。岑文本听说后，也觉得奇怪，于是忙命下人在院墙下方挖地寻找小道士，未果，却挖出一座坟墓来，打开墓室一看，里面空空如也，只有一枚葬钱埋在里面。岑相恍然大悟，原来那个“上清童子”就是青铜之意，元宝又谐有道家“纯阳之体”一说的寓意，故“上清童子元宝”就是钱娃娃的意思。岑相当即对着墓穴拜了三拜，自言自语道：“这是仙人指路，寓意我要为大唐广汇财源，富甲四方而努力”。从那之后“上清童子”就成为钱的仙号。

腰缠——钱的“隐”称

古代商人出门做生意，很少把大量的钱财直接放在衣囊里，而是将所携带的金银或铜钱放在束腰用的腰带里，然后把腰带缠绕在腰间，故称“盘缠”或“腰包”，待需要用时再掏出来，既不会遗失，又不会露财，还可防贼，很是安全，后人便将“盘缠”和“腰包”用来暗指金钱，现今有些地方仍将花钱用称之为“掏腰包”就是这个意思。关于“腰缠”，历史上还有一个“腰缠十万贯，骑鹤下扬州”的典故。

说的是南北朝时期宋国人殷芸在《小说》一文中说了这样一个故事：“有客相从，各言所志：或愿为扬州刺史，或愿多资财，或愿骑鹤上升。其一人曰：‘腰缠十万贯，骑鹤上扬州’，欲兼三者”。大意是说有四个进京赶考的年轻人救了个老头，后来发现老头是个神仙。神仙看他们人好，于是答应实现他们每人一个愿望。第一个书生因家里穷只想要钱，于是说：“愿为富翁，腰缠万贯”；第二个书生是官迷，于是说：“愿当扬州刺史，受众人仰慕”。第三个书生想修仙练道，于是说；“愿当神仙，驾鹤云游四方”；第四个书生最有个性，想了半天，说了一句：“腰缠十万贯，骑鹤下扬州”。其他三个书生听他这么一说，觉得非常愤怒，纷纷谴责他太贪婪。连神仙都觉得他要求太高，于是跟他说：“你有两个选择：一是我给你一只鹤，并在你身上绑十万贯钱，然后在扬州上空扔下去；二是你先赶考去，考上大官然后挣十万贯钱后，再跟我进山修仙”。年轻人觉得第一种很不安全，所以忍痛选了后者。光阴荏苒，白驹过隙。到后来，第一个书生当了富翁后不懂节制，胡乱挥霍，最后混成了乞丐，沿街乞讨；第二个书生当了扬州刺史后只知滥用权力横征暴敛，最后树敌太多，被罢免了官职，发配充军，比乞丐还惨；第三个当神仙的书生有了排山倒海的神力后，既不知节制，也不懂得修行，结果走火入魔，神力尽失，逃进山里成了个妖精；第四个书生则幸运的多，自己努力考上了进士，当了官，并努力挣钱经商，赚到了十万贯钱，从此弃官进山找老头修仙去了，几番磨难后终成正果。当他带着十万贯钱骑着一只老鹤降落在扬州时，简直是万人空巷，观者如潮。这时，他才觉悟，人的一生不在名和利有多少，荣誉对他来说更没有意义，只有活得快乐，达到理想目的之后，才是最好的“小神仙”。故事说到这里，我也要奉劝那些钱币收藏者，玩钱只是一种境界，更是一种精神修养，切不可做“人为财死，鸟为食亡”的不法之徒。

宋代 祥符通宝（俗称“吉祥钱”）

没奈何——钱的“巧”称

旧指特大型的银锭，意为难以动用。宋人洪迈《夷坚支志》记载：宋代有个叫张循王的人，家中特别富有，因怕人盗取其钱财，他便让人把每一千两白银熔成一个大球，球上刻注“没奈何”三字，意思是说谁也奈何它不得，以此讥笑小偷的旁门歪道之心，后人也巧借此来代钱而称。

王者——钱的“尊”（君）称

据说此名与唐玄宗有关。唐代李冗《独异志》中说，唐代有个巨富叫王元宝，玄宗皇帝听说后诏他来见，问他家财有多少？他回答说，臣请用一匹绢捆一棵树，待陛下终南山上的树木捆光了，我的绢也用不完。还有一次，玄宗皇帝走到含元殿天台上，举头远眺远处的终南山，忽见一条白龙横架在两座山峰之间，便问身边的左右，众人都说没看见。玄宗又命人将王元宝诏来，问他看见没有？王元宝说，看见一个白色的东西，横架在山顶之上，但草民看不清其模样。皇上一听很是高看王元宝一眼，与身边这帮大臣比，王元宝确实聪明过人且很有头脑，真龙只有天子可见，哪有凡人能见？既满足皇帝的君威，又让这些平时爱谏言皇上的人哑口无言。玄宗皇帝很高兴地说，“我听说最富的人能够比得上最尊贵的人，我是天下最尊贵的人，王元宝是天下最富的人，所以能看见。王元宝因受到皇帝的赏识，家道变得越来越富，成为天下巨富。之后，皇帝想花钱，又遇到大臣劝阻说国库穿虚，不宜铺张时，便会责问：“元宝哪去了？”也从此，“元宝”成了钱的代名词。此事流传到坊间，那些一心想发财的人，不知道王元宝的经营之道，于是到处打听他发财的秘密，他们发现王元宝平时爱吃“发菜”，而且每餐都让家厨做一盘来作为佐食，许多商人以为他是吃了“发菜”才发财的，所以纷纷效仿也吃起了“发菜”，致使京城的发菜身价百倍，甚比“洛阳纸贵”，后来的厨师特意将发菜做成了金元宝形状，美其名为“王酿金钱发菜”，寓意发财致富而流传至今，而王元宝的名号“元宝”也成了金钱的尊称。

钞票——钱的“俗”称

钞票特指纸币。金代在公元 1154 年发行的纸币叫“交钞”，是金代盛行的纸币流通券，发行时间大约有 80 余年，在金代货币中始终占据主导地位，也叫钞引，分为大钞和小钞两种纸币。现今我们把纸币称为钞票或钞，就是从那时流传下来的俗称。

楮镪——钱的“冥”称

专指祭供时焚化用的纸钱。宋代洪迈《鬼国记》中载：“移时宴罢，乃焚烧楮镪，渐次闻人哭声”。意思是说，人死了之后，摆完供品，还要给亡人多烧些纸钱，并伴随着家人的哭声，随葬而去。这里的“楮镪”就是冥币的意思，也作钱称。

总之，钱的别称特别多，这里就不一一列举详解了。在我个人看来，知识才是财富。我们玩钱不能光注重钱的表象，或者钻进钱眼里染一身铜臭，而应该从钱币知识的海洋里汲取丰富的营养，才能在收藏过程中，长见识，有乐趣，才是有益之举，切不可像我那样玩钱不知钱，图有“铜臭”的虚名，真才实学才是我们最宝贵的人生财富，更是收藏的财富。

闲话古钱有多少

我国有着五千年的文明历史，伴随着华夏文明历史的延续和发展，酝育出了丰富多彩、灿烂无比的钱币文化，纵观其发展的历史演变脉络，就不难发现，我国是世界上古钱产出最多也是最丰富的国家，对世界钱币文化影响非常巨大。那么，作为一个钱币收藏爱好者，你知道我国古钱有多少种类？恐怕要准确回答这个问题有些难度，而且知道的人也不多见。对此，有必要专辟一个章节来概括一下，以供大家参考。

据我个人统计分析，从远古的天然币出现到清代最后一位帝王的消亡，我国各个时期的古钱种类不下万种，这里还不包括各个时期不同版别的细微之分，可见，我国古代钱币品种之丰富。本人仅将各个时期的大致品种略作一概述，供商榷。

一、夏商周时期（无计可考）

从历史考证来看，我国货币始于夏朝。最早的货币主要有海币（天然币）、石币、骨币、陶币、玉币、布帛、皮帛、农具、珠贝、金属币等10大类，也就是说，在当时生产力水平落后的情况下，只要是能够作为物品交换的媒介，并得到一定范围内社会普遍认同的东西，都可以称之为原始“货币”，而这个数量级是无准确数字可统计的，但归纳起来，主要有这十大类型，不再一一细评。

商周 天然贝钱【正面】

商周 天然贝钱【背面】

二、春秋战国时期（总计约404种）

到了春秋战国时期，铜金属的使用，促成了各国统一制式货币的形成，并为人们所认同。在这个时期主要有四大体系货币：布钱（因先秦时期有一种农具叫“镈”，形似铲，由于“镈”字的古音与“布”字同声，故称布）、刀币、圜钱、楚币。

战国 环钱蔺

布钱系列分三类：原始布、长首布、短首布。其中，**原始布**（也称桥形布或原始铲、大铲布）出产于周王畿地区（今河南洛阳及陕西一带），是布币的早期原形，有拱尖和圆拱2种；**长首布**（也称大铲或空首部）产生于商代后期黄河中游的关洛和三晋等农业发达地区，有尖足布、平足布、圆足布和斜肩布之分，从形制和铭文上区分约有37种；短首布（也称小布或平首布）出产于魏、赵、楚国等地区（今河北、河南、湖南、湖北等地区），即布头上方为实心，形似布，有大型和小型之分，又有平首平肩圆裆方足、平首

战国 环钱半圆

弧肩平足布、平首耸肩平足布、平首弧肩弧足布、平首弧肩尖足、钝足、四足、对足（连布）及三孔布之别，大约有150余种。

刀钱系列有针首刀、尖首刀、明刀、方折刀、圆首刀、齐刀等六类：**针首刀**（也称匈奴刀）出产于北方山戎部落（主要流通于长城内外承德、张家口一带地区），有5种版式（版式是指形制相同，铭文有别，后同），在日伪占领时期，曾出土过此类刀，大部分被日本人所得，现在多藏于日本。**尖首刀**出于燕国（北京及周边地区）和中山国（今河北保定、邯郸等地区），分长尖和短尖两种，共12种版式。**明刀**（也称燕刀或圆折刀）是燕国晚期后出现的刀币，因其刀上多铸有一个“明”字，故这种刀也俗称“明刀”，较齐刀轻小，有磬折和圆折之分，共15种版式。**方折刀**（也称齐明刀或博山刀）为燕国伐齐后在齐铸币，存世共六年，形似节墨刀，约10种版别，因此刀出土于博山（山东省淄博市南部）而得名，刀面也有一“明”字，但又与明刀有异，故称博山刀。博山刀的其背面大都有莒冶货、莒冶法化、莒冶齐化、齐化共金、齐化等铭文，分5种版式，故认为此刀应在莒地（山东莒县境内）铸成，也有莒刀之说。**圆首刀**（也称直刀或钝首刀）出产于战国中期赵国、中山国等地区，有中山国刀、赵刀和白人刀三种，　中山国所铸刀，刀首平圆，体型较直，刀身肉薄而有弹力；赵刀产于赵国地区，因刀首部稍圆钝而得名，有大小两种，刀面有“甘丹（邯郸）刀”或“甘丹化”三字；白人刀为赵国成侯二十二年（公元前353年）魏国攻占邯郸后，迁往柏人邑（今河北唐山地区）柏人即白人，因刀面有“白人”或“白”字样而得名。“白人”刀有光背或一、五、六、十、廿一等纪数，也有化、丘等字，“白”刀背有刀、厂、鱼、文、田、乙及数字等，比邯郸刀略微轻小，刀身直而不曲。圆首刀现存世粗略统计达13种。**齐刀**（也称大刀）出产于齐国（今山东省黄河以南、京沪线以东广大地区），因刀面上有文字，分“齐法化”“齐之法化”“安阳之法化”“节墨（今即墨）之法化”“齐造邦长法化”等铭文，约18种版式。

圜钱系列主要流通于战国时的赵国、秦国和魏国等地，圆形且中央有一个圆孔，钱面上铸有文字，是方孔钱的前身。主要有环钱蔺、西周、东周、离石、共屯赤金、长垣一釿、贝益化、一化（方孔）、秦国半两（六国统一铸币）等，计110余种。

秦代　初期半两

楚币系列为楚国产币（今黄河、长江以南东部大片地区）有金、银、铜三种，主要有贝形和钱牌两种，楚铜贝为有文铜币，面文有15种之多，也就是著名的蚁鼻钱（也称鬼脸钱）。楚金币分有字和无字两种，无字者包括金饼、金钣等型制，有字者则按内容划分，其中金钣比金饼多，形状有方形、四角起翘的龟甲形以及众多切割成大小不等的块状碎金，金钣（钱牌）上往往钤有方形或圆形印，目前已辩识文字以“郢爰”“陈爰”较为常见，金钣形制有空心与实心之分，面上的文字均为“陈爰”。银布为铲首银布，有长短、方圆、实心和空心之别，据不完全统计达12种之多。

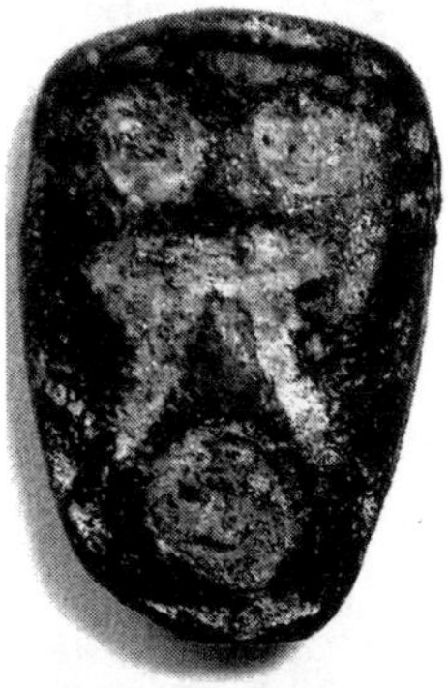

战国　楚币（俗称“蚁鼻钱”或“小鬼脸”）

三、**汉隋五铢钱时期**（总计约503种）

汉朝武帝时期始铸五铢钱，到隋朝止，各类五铢行用时间长达七百多年，包括新莽币在内，计有五百种之多。

西汉五铢主要有榆荚半两、八铢半两、五分钱、郡国五铢、赤仄五铢、上林三官五铢、宣帝五铢、更始五铢、三铢小平、小五铢（冥五铢和鹅眼五铢）、剪边五铢和五铢异品等，版式多达120余种。

西汉　元狩三铢

新莽钱主要有：小泉直一、幺泉一十、幼泉二十、中泉三十、大泉五十、壮泉四十、壮布七百、货泉、布泉等，此外还有大布黄千、契刀五百和金错刀等 119 种版式。

东汉时期有建武五铢、明后五铢、磨边五铢、凿边五铢、董卓五铢等 83 种版式。

三国时期蜀国铸有蜀五铢、直百五铢、太平百钱小平、直百中小型、直一特小型、世平百钱、定平一百等 41 种；吴国铸有法平五铢、大泉五十、大泉五百、大泉当千、大泉二千、大泉五千等计 12 种；魏国铸有魏王五铢、太和五铢、永安五铢等 18 种。

北周　五行大布

西晋铸有西晋五铢（多延用魏王五铢钱，后铸一款钱字略有差异）1 种；东晋铸有凉造新泉小平、太夏真兴小平、丰货小平隶书和篆书、汉兴小型直读和横读、沈充五铢等 15 种。

北齐　常平五铢

南北朝时期铸有陈五铢、大统五铢、公式女钱（五铢）、四铢小平、孝建四铢小平 、当两五铢、前赵五铢、永光小平、景和小平、太建六铢小平、铁五铢、铁五金、两柱五铢、剪边五铢（萧梁）等 60 余种。

北齐北周时期铸有常平五铢、五行大布小样和大样、永通万国、布泉、太清丰乐小平等 28 种版式。

隋朝铸有开皇五铢（也称置样五铢）、大业五铢（白钱）、有青铜、白铜、铁钱共 6 种。

四、唐、五代十国、宋时期（总计约 2268 种）

唐朝钱币主要有开元通宝（武德开元、盛唐开元、会昌开元）、乾封泉宝、乾元重宝、大历元宝、建中通宝、得壹元宝、顺天元宝、高昌吉利等 204 种版式，其中顺天元宝背上“天”钱一枚已流入日本。

五代十国时期铸钱有开平元宝（后梁）、开平元宝、天成元宝（后唐）、天福元宝（后晋）、汉元通宝（后汉）、周元通宝（后周）、永平元宝（前蜀）、通正元宝、天汉元宝、乾德元宝、光天元宝、咸康元宝（前蜀国）、开元通宝（闽王）、永隆通宝、天德通宝、天策府宝（楚王）、广政通宝、大蜀通宝（后蜀）、保大元宝、永通泉货、唐国通宝、大唐通宝、开元通宝篆书（南唐）、大齐通宝（齐王）、乾亨重宝、永安一十、永安二十、永安一百、永安五百、永安一千等（南汉）、应圣元宝、乾圣元宝（幽州王）等，共296种版式。

北宋时期铸有宋元通宝、太平通宝、淳化元宝、 至道元宝、咸平元宝、景德元宝、祥符元宝（通宝）、天禧通宝、天圣元宝、明道元宝、景佑元宝、皇宋通宝（元宝）、康定元宝、庆历重宝、至和元宝（通宝、重宝）、嘉佑元宝（通宝）、治平元宝、熙宁元宝（通宝、重宝）、元丰通宝、元佑通宝、绍圣元宝（通宝、重宝）、元符通宝（重宝）、建国重宝、圣宋元宝（通宝）、崇宁通宝（元宝、重宝）（元宝为孤品）、大观通宝、政和通宝（重宝）、重和通宝、宣和元宝、靖康元宝（通宝）（大多是样钱，均为国宝）、 应运元宝（通宝）等，共977种版式。

南宋时期主要有淳熙元宝（通宝）、绍熙元宝（通宝）、庆元通宝（元宝）、嘉泰通宝（元宝）、开禧通宝（元宝）、嘉定通宝（元宝、重宝）、大宋元宝（通宝）、绍定通宝（元宝）、端平元宝（通宝、重宝）、嘉熙通宝（重宝）、淳佑元宝（通宝）、皇宋元宝、开庆通宝、景定元宝、咸淳元宝、建炎通宝（元宝、重宝）、绍兴元宝（通宝）、隆兴元宝（通宝）、乾道元宝等，共791种版式。

五、金、辽、西夏、元时期（总计约477种）

金朝时期主要有天眷通宝、皇统元宝、正隆元宝、大定通宝、泰和通宝（重宝）、崇庆通宝、至宁元宝、贞佑通宝（元宝）、阜昌元宝（通宝、重宝）等，共124种版式。

辽朝时期主要有通行货泉、开丹圣宝、天显通宝、会同通宝、应历通宝、天禄通宝、保宁通宝、统和元宝、重熙通宝、清宁通宝、咸雍通宝、大康元宝、大安元宝、乾统元宝（通宝）、寿昌元宝、天庆元宝、助国元宝、壮国元宝、千秋万岁等，计 85 种版式。

西夏时期主要有福圣宝钱（西夏文）、 大安宝钱（西夏文）大安宝钱（西夏文）、大安通宝、贞观宝钱（西夏文）、贞观宝钱（西夏文）、元德通宝（重宝）、大德通宝、天盛元宝、乾佑宝钱（西夏文）乾佑通宝、天庆宝钱（西夏文）、天庆通宝、皇建元宝、光定元宝等，共 45 种版式。

元朝时期主要用交钞(纸币),金属币主要有大朝通宝、交钞半分、中统元宝、至元通宝（蒙、汉文）、元贞通宝（元宝）（蒙、汉文）、大德通宝（蒙、汉文）、至大通宝（元宝）（蒙文未行、汉文）、大元通宝（蒙、汉文）、大元国宝、皇庆元宝、延祐元宝（通宝）、至治元宝（通宝）、泰定通宝（元宝）、致和元宝、至顺元宝（通宝）、元统元宝、至元通宝（元宝）、穆清铜宝、百贴之宝、至正通宝（背蒙文）、至正之宝、龙凤通宝、天佑通宝、天启通宝、天定通宝、大义通宝、天统通宝（元宝）、窗国通宝、伊藩吉昌、清泰元宝（寺观钱）等，约 223 种版式。

六、明、清时期（总计约 2839 种）

明朝主要有大中通宝、洪武通宝、永乐通宝、洪熙通宝、宣德通宝、弘治通宝、嘉靖通宝、隆庆通宝、万历通宝、泰昌通宝、天启通宝、崇祯通宝等，共 450 种版式。

明代　靖康通宝

南明时期主要有大明通宝、永昌通宝、大顺通宝、西王赏功、隆武通宝、永历通宝、弘光通宝、兴朝通宝、利用通宝、昭武通宝、 洪化通宝、裕民通宝等，共 153 种版式。

清朝时期主要有天命通宝（满、汉文）、天

聪通宝（满文）、顺治通宝、康熙通宝、雍正通宝 、乾隆通宝、嘉庆通宝、道光通宝、咸丰通宝（元宝、重宝）、祺祥通宝（重宝）、同治通宝、光绪通宝（重宝）、宣统通宝、太平天国（通宝）、天朝通宝、皇帝通宝（天地会铸会钱）、开元通宝（天地会）、开元通宝、嗣统通宝（天地会）、明道通宝（天地会）等，约2236种版式。

七、民国时期（总计10种）

民国时期主要有民国通宝、福建通宝等，共10种版式。

从目前有证可考的情况来看，我国古钱币的种类约6500种，其中，唐宋、明清时期出产最多，都在2000种以上，这里还不包括清后期和民国时期出产的金、银、铜、镍、铅币等（非方孔钱），如果再加上夏商周时期的原始货币，那么，我国古钱币的历史种类不下万种。在如此庞大的古钱币体系中，有些是目前已知的，有些还有待出土挖掘和发现，也有些仍需进一步论证，以去伪存真，这就需要我们泉藏爱好者，多做热心、有心、细心、用心之人，不断探索和发现我国古钱币中的灿烂文化，为繁荣中华文明历史献计献策，贡献微薄之力。

煞费口舌得“西周”

战国　西周环钱

战国“西周圜钱”这枚古钱得来既意外，也有点不寻常，细细想来，还得从保定那次“磨破嘴皮子”说起。

保定是座历史悠久的文化古城，春秋战国时期的古中山国就位于其境内。据史料记载，中山国虽小，手工业却非常发达，其工匠制造的铜、玉、陶、金、银、骨、石等大量精美艺术品，在数量、造型、工艺水平上，都有很高的研究价值，这也应证了那句“河北燕赵灵秀地，稀罕古董民间找”的藏界行话。而近邻保定的满城汉代刘胜墓更是响誉中外，墓中出土的“金缕玉衣”“长信宫灯”和“错金博山炉”堪称国宝级文物瑰宝。而位于市区内的古玩城，起步虽晚，但当地历史遗存和文化物产丰富，早就形成了以“摆地摊”为主的花鸟早市交易集散地，并逐渐演变成现在颇具规模的古玩城。

我每次去保定，不到古玩城终不死心，前些年收藏的那枚“西周圜钱”正得于此。

说起这枚古钱，也决非我独具慧眼识金，而是经历过一段很有趣的传奇故事。那天去古玩市场，并不曾赶上周末交易日的大好时光，大概是周三的样子，本来也不曾打算去，没地摊交易的时候，去也白瞎。我向来有“不到长城非好汉”“不见黄河不死心”的秉性，到了一地必转古玩城，哪怕看一眼也会心满意足。

保定古玩城面积不算太大，平时不开市的时候，广场里总是空荡荡的，只有东西两边巷子里有个几十家店铺。或许是来得早的原因，当时许多铺面仍铁将军把门——上着锁，好不容易推开一扇门，一位老先生正忙着吃早点，我简单问了问有无好钱币？其实，我这句话问得很外行，什么叫好钱？只有你想要的钱，没有什么好坏之分，我这一张口不要紧，老先生或许看出了我是个初入门者，大多情况下，卖家很愿意与外行人打交道，至少初入门者大多不会狠杀价，这里也提醒初入门者注意，最好是先看少说话，发现有满意的钱币之后，先问问多少价钱，一般的情况下，卖家报价只会高而不会低，能挣一个是一个，除非你们是老熟人，才不好意思给你出高价。那位老先生见有“生手”上门，急忙放下碗筷，拿出一个大铁盒子摆到我面前，我在那堆杂乱无章的钱盒里翻了又翻，大都是些常见的宋钱和清钱普品，只有几枚南明时期的昭武、弘光和利用通宝等不常见的钱散于其中。说实话，这些钱对我兴趣都不大，只有那枚“弘光通宝”隶书小平背上“凤”的钱，吸引了我的眼球。于是，我抓起一把钱，大约五六枚的样子，其中就夹了那枚钱来一起问价。

这里有个小提醒再告诉大家，如果你只看中了一枚钱，千万别只拿这一枚钱来问价，那样的话，老板肯定猜中你想得此钱，你想打个折，门儿都没有。相反，你若抓出一把普钱，不细心的老板也只当你随便买了玩，要价也不会太高，即使遇上心细懂行的老板想要抬价，只要你不露马脚，当作可买或可不买的样子，他只要有钱赚，也会忍痛割爱。千万记住，钱币再稀罕，标价再高，也常会“有价无市”，对商人来说没有交易对象，钱再贵也等于零，把握住了这条原则，你就不会常挨宰。

然而，那位老先生可不寻常，他细细看了一下，将其他几枚钱说了个我能接受的合理价格，却唯独将那枚背“凤”钱的价格抬高了不少，一张口就要我“五百大洋”，而且撂下话“决不还价”，明显高出了两三倍，也完全超出了我的心理承受价位。尽管我磨破嘴皮子讨价还价了半天，也无济于事，无奈之下，只好转身走人。次日，我还是不死心又转了过去，仍想稍加点价给拿下来，可那个老先生就是个死木疙瘩榆木脑袋，坚决不让步，最终不欢而散。

俗话说：既来之，则安之。人来了就不能空手而回。这既是我的优点也是缺点，每次逛古玩市场，或多或少总想要捡个小便宜回来，空手而归不是我的风格。走出那家店铺以后，我沿着巷子往前转，到了西头，忽然看到一家店铺内陈列着不少古钱币，我又好奇地钻了进去，只见店主人正在门口边上清洗一大堆脏钱，旁边放了个编织袋，里面装着一大团土皮都没去的锈钱，一看就是新挖出来的钱团。我像个过路人一样，在屋里陈列柜前东看看西瞧瞧，“崇宁通宝”“大观通宝”“咸丰重宝”等精美大钱确实勾引人。随口问了下这些大钱的价格，没想到，那位正忙着活的老兄连头也不抬就告诉我：“店铺是他弟弟开的，他不懂钱，不知道价格，只是今天来帮他弟弟看店”。我再问：“你弟弟去哪儿了，几点能回来？”他说：“乡下收货去了，明天才能回来”。我又问：“你能帮我打个电话问下价吗？”他说：“麻烦！你最好周末再来”。我说：“我是外地人，下午就要离开保定”。他这才停下手里活，抬头看了我一眼，反问道：“你能出多少价钱？”我不急不慌地说：“其实，我也不懂钱，只爱好书法（说实话本人对书法一窍不通），就是看了这个钱面上的字写得好，想买几个做纪念”。他见我有买的意思，便起身给他弟弟打电话一一问了价钱，而后告诉我，各品几乎都在千儿八百左右。这个价位我很清楚，差不了多少。可我反而装出很惊讶的样子说：“这么个小玩意咋这么贵了？”他摆出一副也很在行的样子说：“你不懂，现在都这行情，那个美品大观钱至少也要两千”。我只好以贵推托。那位店主哥哥见我并无购买之意，又埋头专心洗钱去了。我又凑到他跟前，对那袋子里一大堆钱粗略看了下，大多是汉“五铢”钱和少量的秦“半两”钱，品相也都不是很好，也许是深坑埋地下太久雨水腐蚀和氧化的缘故，残币比较多，我顺手抓了一把，挑出了几枚品相较好的五铢钱，其中也不乏一两枚“五铢”异品钱和“魏王五铢”钱，我又让他打电话问个价，他说这些不是很值钱，也不想再打电话。我恳求他还是再问一下。他只好放下手里的活，再次打电话去了。我得了七八枚钱币后，并没有急着走的意思，又蹲下来在袋子里翻了翻，突然，一枚比“五铢”钱稍大点，字面带个“周”字的钱币闯入了我的视线，仔细扒开上面的土层一看，品相还真不错，赶紧一声不吭拽在手里，又继续拨拉了一通，实在没啥看中的了，这才又抓起几个常见的“上林三官五铢”和“宣帝五铢”钱来，依旧装出对篆字有兴趣的样子，想再买几枚，还让他打电话问问价。他显得有点不耐烦，又怕自己把不准，只好起身再打。也许是刚刚打完电话放下没过多久的缘故，对方已不再接听，我急忙撺他再打，他也没想要打的意思，还是回到原来位置上继续清洗那堆钱，只丢下一句，就按刚才的价给吧。我说“这几枚品相不如前面那几枚好，再降点价吧！”那位老兄似乎只想着忙活，一个“行”字便打发我了事，多一个字也不想再说，我就这么带着钱币走了。

回到家中，我迫不及待地打开钱谱资料，认真对照查阅，我得来的那枚带“周”字的钱，居然是战国“西周圜钱”。此钱圆孔圆钱，稍有边廓，钱径约 2.7 厘米，重约 5 克上下，正面“西周”古篆二字，光背平素，制作工整精美，为古泉名珍之一。

战国　西周环钱

圆孔圆钱　钱径约 2.7 厘米 重约 5 克上下

战国　西周环钱左半部分

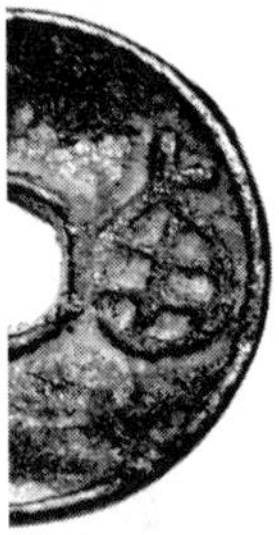

战国　西周环钱右半部分

据《史记·周本纪》记载：“（周）考王封其弟于河南（黄河以南），是为桓公，以续周公之官职。桓公卒，其子威公代立”。由此看来，战国时期的西周国是一个小国。周考王元年（公元前 440 年），封其弟“揭”于王畿，是为西周桓公，形成一个西周小国，封国所在地为黄河以南地区即今河南省境内。公元前 367 年因公子根的叛乱，赵成侯遂“与韩分周为两”，周于是又分裂为东周、西周两个小国。至周赧王时（公元前 315 年），赧王迁都西周，立国约六十年。公元前 256 年秦军攻破西周，西周君王投降。周赧王也于同年去世。东周国也曾出类似钱，型制与西周钱略同，面文为“东周”，均属罕见之品。由于西周是侯国，国小势弱，原铸钱也不多，因此，“西周圜钱”遗存甚少。

读罢史籍，细细品赏一番，掩不住偷偷作乐，物以稀为贵，没想到煞费口舌，还真“逼”出来一枚难得的“西周”钱币精品来。

燕国强弱看“明化”

收藏是种乐趣，从收藏中琢磨出点东西来，更是难得的乐趣。在古钱币收藏过程中，我没事也常把钱册拿出来翻翻，从自我欣赏中来感受更多的快乐。可是看久了，也就能看出点名堂来，一枚小小钱币上的细微变化，或多或少也能反映出那个时期的国势强弱，更能从钱币形制和铸工上的精整与粗劣，反映出当时社会的国势乱象，燕国“明化”钱的变迁就是其中的一个例证。

在战国典盛时期，七雄并举天下，从各国所铸的货币中就不难看出，那时的齐、楚、燕、韩、赵、魏、秦等强国都能在铸币上，体现出王权稳固的象征，如当时各国行用的大布钱、大铲钱、大刀钱、大环钱，都足以证明当时七国共存期间的国富物丰，势均力敌。据我个人理解，在战国以及之前相当长的历史时期，青铜都属于国家的战略物资，除用于铸王公贵族专用的礼器之外，大多是用于铸兵器和货币，老百姓不得私藏或私铸其他用品。据《说文解字》注译，铜，赤金也，铜字的来历就是与金相同的东西。由此可见，铜在当时的价值和社会地位极高，可以说“为王者所有，国之所用”。

在国势强盛时期，随着经济的发展，大型铜货币体系的出现也就不足为怪了，那毕竟是王权政治的最高体现。仅拿燕国铸行的货币——“刀”币为例，通高约 14 厘米，重 13 克左右，为了有别于齐国“刀”币，在币面上都刻有铭文，燕刀上都刻有一个“明”字，俗称“明刀”，以示燕国专用之币。从史料记载来看，燕国刀币又称“燕化”，在早、中、晚不同时期的形制上都有不同变化，通常跟据刀型和文字的特点，俗称为“召刀”“明刀”及“日月钱”等等，但不管怎么称呼，刀型的特征和重量基本上变化不大，只不过名称上略有不同而已。

战国　燕明化钱

可是，燕国晚期改铸小币“一化”“明化”和“明四”钱以后，又为何要模仿秦国的环钱样式呢？这引起了我更多联想和深究细探的兴趣。说实话，我既不是历史学者，也不是专门从事金融货币史研究的专家，对那些深层次的问题，也摸不着头绪，写不出什么掷地有声的大文章来，只想从一个收藏爱好者的角度，浅显地道出自己的一点小小看法。

从历史大趋势上来看，秦国的强大注定了小国和弱国的命运归属，频繁的战乱，不仅影响到小国和弱国的经济发展，也削弱了弱小国家的综合国力，战争投入的剧增和战争成本的提高，无形中形成了大国越来越强，弱国越来越弱，直至灭亡的现象。这一点从燕国币制的改革上就不难看出，燕国在中后期的整体实力已大不如从前，经济总量的下降和战乱引发的通货膨胀已日趋严重，货币贬值已成为不可逆转的现实，但为了维持“国家稳定和繁荣”的假相，不得不在降低铸币成本和货币发行的改革上做手脚。将币值不改变，而把重量逐步减轻，使原先等值等重的大钱，变成了等值不等重的小钱，“一化”“明化”和“明四”钱的出现，就是这个时期的特定产物。

战国 燕一化钱 钱径 2.6厘米 重约2.5克至4.5克

拿我个人收藏的几枚“明化”钱与早期的“明刀”钱作比较，就可见一斑。战国末期燕国所铸的“改革”小环钱，穿孔由圆变方，看似不起眼，其实意义重大。“改革”一词原自公元前302年，赵武灵王为方便行军打仗，采取学习西北方游牧和半游牧民族的服饰和骑马射箭，史称“胡服骑射”。因胡服多以革制成，故学习“胡服骑射”也称“改革”，这就是现今“改革”一词的由来。燕国明化钱的改革，也是在行实用之需。我个人以为，从“明刀”到“明化”由大到小的变化，还是为了减少铸币成本之所需。因为在同样大小的钱面积里，方形比圆形更省空间，用在铸钱上就是更省铜料，这与后期西汉早期铸的“榆荚半两”东汉时期的“剪边五铢”“董卓五铢”如出一辙。虽然铭文仍叫“一化”或“明化”，其值也等同于旧“明刀”钱的价值，但老百姓不是傻子，“一化”钱明显比“明刀”钱重量上减轻了很多，只有2.6厘米和2.5克至4.5克重，只相当于旧“一刀”重量的1/6，美其名是为了适应“人们携带方便”，其实不然，仍是燕国国力衰落的真实反映，是年年战事拖跨了燕国的经济和国力，这样做的目的，就是把青铜这个有限的战略物资投入到更多的战争兵器（古代兵器多以青铜为主）消耗上去，是不得已而为之的做法，只不过“家道败落”这样的“丑事”不可以随便外扬，既怕影响军心，又怕失去民心。可是，长此以往，人们还是能看出端倪，使自己改革的谎言不攻自破。为了掩人耳目，才不得不把钱币上的文字改了，变成了“明化”小钱，以示与旧币作区别，其实质还是“偷梁换柱”之法，行“掩耳盗铃”之虚。

当然，也有不同学者根据史料上的记载认定，燕国币制改革，主要是为了适应经济发展的需要，使行用更方便，携带更简制。这看似有一定道理，也确实能方便行用，但在“财大气粗”的强盛时期，经济发展比后期战乱时期更快更好，为什么不作改革之变通？况且，在那个以“实物作等价交换”为主的小农经济时代，国家法定的币值与币重必须与实物相等同，并在统一的计量下行使物与物的交换和国与国之间的交易，这是天下共识。此外，小“一化”或“明化”钱之后又为何铸出“明四”钱呢？只要稍作比较，“明四”钱其实就是同样大小的“明化”小钱，只是在重量不增加的情况下，以“一化”当“四化”或者称作以“一钱”当“四钱”来用，在常理上是说不通的，只能用高通货膨胀率来解释“物不等值”的现象。说得更直白一些，就是燕国在坑骗自己老百姓的劳动所得，搜刮敛财，以资国用，这才是铸小钱代大钱的最终目的。诚然，个人之言有局限性，有待进一步考证，专家的意见虽有道理，但仍值得大家共同商榷。

对于藏币爱好者来说，虽不一定要深知这些钱币背后的故事，但作为钱史的见证者，我相信大家有理由对手中的藏品，作进一步的研究探索，也只有真正了解了钱币背后的历史真相，我们才能品味出手中藏品的意义和价值，也才能进一步感受到收藏中的更多不为人知的乐趣。

汉隋品鉴

细看深鉴辨“五铢”

在钱币收藏过程中，大家难免不碰到五铢钱，也往往直接把所有五铢钱统称为“汉五铢”钱。这其实是认识上的一个误区，在五铢钱行用的历史上，除“汉五铢”钱以外，还有“陈五铢”“隋五铢”等其他众多五铢钱。

从我国古代货币史学中也不难看出，五铢钱源自于西汉，止于隋朝。历经西汉、东汉、三国、两晋、南齐、梁、陈、北魏和隋朝等不同时期，前后长达七百余年，先后有十多个王朝和大小政权，约二十多个帝王铸过五铢钱。因此，五铢钱具有较高的历史地位及深远影响。那么，大家为何总会把所有的五铢钱统称为“汉五铢”呢？这里也有一个历史成因问题。其一，“汉五铢”从西汉武帝元狩五年（公元前 118 年）始铸起，首次以重量“铢”作为货币单位来统一币制，完全有别于以往历史上“圆形方孔”钱的大小不一，重量不均的现象，故人们常会把开创“五铢”钱先河的“汉五铢”作为标准钱制的代表，“五铢皆汉钱”的推论也就有了立足之地；其二，“汉五铢”钱在西汉王朝时期，行用时间长达四百余年，比起之后任何一个使用“五铢”钱的朝代，历史都要悠久得多，影响力也更大，把其他五铢钱当作“汉五铢”钱来认知，也就不足为怪了；其三，“汉五铢”钱铸造数量最多，品种也最多，其他五铢钱都有仿制“汉五铢”钱来铸币的痕迹，若不加以严格的区分，则很难判别出具体是哪个朝代的铸钱，这也是把其他五铢钱被当作汉五铢钱来定论的一个重要因素。因此，随着历史的久远，人们淡忘其他五铢钱的“昙花一现”，也就自在常理了。

对于初入门的收藏爱好者来说，如何才能将不同时期、差别不大的五铢钱做出严格的断代划分呢？这里有必要将五铢钱在不同时期和不同历史朝代中的铸币特征先作个简要普及，才能真正做到慧目识“铢”。

目前，史家和藏家经常把西汉时期的五铢钱以及颇具影响且有一些特征的五铢钱，笼统地粗略划归“汉代”一个时期内，这对常人来说可以理解，但作为泉藏爱好者来说，仍不够严谨，毕竟“王朝短暂，铸钱是真”，只有系统划分才具收藏的科学性和趣味性。对此，从我个人的理解来看，还是要具细为好，这样既能让外形大同小异的五铢钱明确“身份”，又能让大家不至于鱼目混珠。

西汉时期的“五铢”钱大至可分为郡国五铢、赤仄五铢、上林三官五铢、宣帝五铢和更始五铢等几个不同的铸钱阶段。

“郡国五铢”钱：为汉武帝元狩五年（公元前 117 年）诏令各郡国按照中央币制令的要求，自行铸造的五铢钱，统称为“郡国五铢”钱或“元狩五铢”钱。从钱制特征上来看，该钱呈圆形方孔型，钱面有小篆书“五铢”二字，且光背，正面有轮无廓，背面则轮廓兼俱，直径大约在 2.5 厘米，重约 3.5 克，外廓边沿同钱文等高，这也是“汉五铢”钱的标准币制。不过，由于各郡国铸币技术水平上的不同，以及铜矿的成分都有千差万别，加之，官吏在执行中央命令过程中与奉行的态度上也存在差异。体现在铸币上，也就出现了形制不统一的现象，尤其是在文字使用上的不规范，有的“五”字交笔为略直，有的稍缓曲，还有的在写法上变了形等多种样式，有的“铢”字的“朱”头呈方折型，“金”字头较小，仿佛如同一箭镞，还有的为突出铸地，在钱币上做手脚留印记，出现了收藏界所说的穿上横、穿下横、穿上三角、穿上下三角、穿下横、穿下半月等现象。再有，个别地方官吏偷工减料，中饱私囊，使得重量不均，肉薄与肉厚的现象非常突出，特别是后期铸钱，重量越铸越轻，穿孔越铸越大，为的是多节省铜料，使得钱制样式比起标准钱币来越铸越粗劣。

西汉　郡国五铢　约在 2.5 厘米 重约 3.5 克

西汉　郡国五铢（上穿横）

“赤仄五铢”钱：为改变郡国五铢钱币制混乱的现象，汉武帝于元鼎二年（公元前 115 年）实行币制改革，命令京师钟官铸“赤仄五铢”钱，也称“钟官赤仄五铢”钱。即经过外侧打磨，露出红铜的本色，行“以一当五用”，以兑换郡国劣铢钱，而该钱唯一与“郡国五铢”不同的是面廓加宽了，使得钱径看起来比郡国钱略大些，钱的背廓也没有郡国钱那么高了，更为工整。不过，赤仄钱只铸行了两年便被迫废止，现已不多见。这里有一个问题，赤仄钱为何会短寿而终呢？关键还在于用之不当。试想，同样大小的钱币，非要人为地强迫“以一当五钱”来行用，就好比同样大小的一个烧饼，本来只花一分钱就能

西汉　赤仄五铢

买一个，现在只在这个烧饼上，洒了点芝麻就卖到五分钱一个，老百姓肯定有意见，宁可买一分钱一个的烧饼也决不会去买五分钱一个的烧饼来充饥。可见，虚值大钱既坑人也害己，反而得不尝试，这就是赤仄钱短寿的真正原因。

“上林三官五铢”钱：“赤仄五铢”钱出现以后，中央虽有“赋官非赤仄不得行”的政令，却没有从根本扭转郡国铸钱反受青睐的乱象，更遭到郡国官吏上下联手的暗中抵制，尤其是铸大钱更有利可图，使得各郡国在中央强推赤仄钱之后，便恶意仿铸“赤仄”钱的现象又更甚了。汉武帝不得不采纳了公卿们的建议，于元鼎二年晚期收回了各郡国的铸币权，由中央政府统一铸币和发行“上林三官五铢”钱。这里也要了解一下，所谓“上林三官”是指中央铸钱机构中设立的钟官、辨铜、均输（技巧）三官（相当于现在的领导、监理和工程师三种职称），因办公地点选在长安城南的上林苑，故称“上林三官”钱。此钱制作精美，边廓工整，重量准确，钱文秀丽，“五”字交笔缓曲，上下与两横笔交接处略向内收。“铢”字“金”头有三角形、箭镞形两种，四点方形较短，“朱”字头方折，下垂笔基本为圆折，头尾与“金”字旁平齐，笔画粗细一致，钱背有穿上横和下半星两种，行用时间长，铸量也最大，市场上较常见。该钱比“郡国五铢钱”略重，钱制更标准，更规范，既能有效控制发行量，又能防止郡国私铸现象发生，一经推广，很快使劣钱出局，从而保证了国家货币的权威性，对此后稳定市场物价起到了相当重要的作用。

西汉　上林五铢

“宣帝五铢”钱：为汉宣帝（公元前 73—前 48 年）时期所铸，钱文横读，有光背及背星月纹等数种。此时铸造出来的五铢钱，无论是其铜质、形制、书体以及工艺上，都已经达到了尽善尽美的程度。

主要特征为“五”字交笔弯曲，“铢”字的“金”字旁多呈等腰三角形，且又略低于“朱”字头。宣帝钱形制整齐，面廓最宽，肉面光洁平滑，钱内外廓略高于钱肉，薄厚基本一致，在西汉钱币中占据着极高的地位，目前，市场上也较常见。

西汉　宣帝五铢

“更始五铢”钱：西汉末年，平林、绿林农民起义军于地皇四年（公元 23 年）拥立西汉刘玄为帝，于更始二年（公元 24 年）在长安开炉所铸五铢钱，称“更始五铢”钱。此钱制作尚工整，“五铢”二字较宣帝五铢稍肥，“五”字交笔弯曲，“朱”头上折由方变圆，“金”头呈较大正三角形，下四点竖长排列整齐，穿口附近钱肉较厚，有轻微斜度，看似有“面大背小”之感，因铸造时间短存世数量较少，已不多见，也是我国历史上最早的农民起义军政权所铸钱币，更具收藏价值。

东汉时期的五铢钱基本沿袭西汉五铢钱的样式，如不加细分，也很容易与西汉五铢钱混淆，大至也有三个不同时期的划分。

“建武五铢”钱：东汉光武帝建武十六年（公元 40 年）始铸。字体方正，宽肥圆柔，“五”字两横不出，“X”字交笔弯曲，“金”字旁大，且四点较长，粗糙者为东汉初期所铸，精美者为中期铸行，铸量尚可，目前也能常见。

东汉　建武五铢

“明后五铢”钱　东汉明帝（公元 58 年）以后，五铢钱与“建武五铢”相比变化不大，除灵帝（公元 168 年）始铸“四出五铢”钱（钱背面方孔内廓四边略往外伸展，故称四出五铢钱）外，钱体较之前稍薄些，笔划较粗且浅，重量略轻，多不容易与“建武五铢”钱区分，仍需根据钱体特征，认真甄别。

东汉　明后五铢

“磨边五铢”钱：在西汉晚期和东汉中晚期较盛行，因这两个时期国势衰弱，物价大起大落，新钱已不多铸，而原先的旧钱老百姓又觉得物不等值，故把原先好的旧币拿来，磨去边廓约一克左右，再将这些铜屑收集起来用于私铸（官铸也有量少）新钱，而打磨过的旧钱就变得减重了，而新铸的钱也不再与旧币标准钱等重，加之铜质较杂，钱面多呈暗淡色，毫无光泽可言，新铸之钱也多无边廓，仍属于轻小劣质钱。

东汉　磨边五铢

除以上几种汉代五铢钱外，三国和南北朝时期的五铢钱与“汉五铢”钱（如：三国时期魏国的“魏王五铢”钱、南朝的“陈五铢”和“当两五铢”钱、北朝的“大统五铢”钱）大小相仿，只有“隋五铢”钱略小，容易区分。

“魏王五铢”钱：为魏明帝太和元年（公元 227 年）所铸的五铢钱，钱面文字稍大，笔划粗放，“五”字曲交略直，“金”略低于“朱”旁，四点较长，此钱因铸量较大，行用时间长，现也能常见，但要仔细辨别，方可确认。

东汉　魏王五铢

“陈五铢”钱：为南朝陈文帝天嘉三年（公元 562 年）始铸，五铢二字稍显篆体，“五”字交笔平直对等腰，“朱”字圆折高于金字，外廓宽，背显得壮实。共有两种版式，一种制作规整，面无内廓，外缘较宽；另一种铸工精，肉质厚廓，钱体较厚大，比前款稍重，也称“天嘉五铢”钱。

南朝　陈五铢

“当两五铢”钱：为南朝宋文帝元嘉二十四年（公元 447 年）始铸，因“以一当两钱”而得名，于次年停铸，此钱钱径与“上林三官”钱相仿，钱径和重量均不同于两汉五铢钱，略显得大，也重得多，面文“五铢”文字粗壮不工整，且钱面悔暗，面有外廓无内廓，背有内外廓，容易区分。

“铁五铢” 钱：为公孙述在蜀称帝时铸。公孙述原为西汉晚期一县令，为何也会铸钱，难道是私铸？非也！这里隐藏着一段公孙述的帝王身世之谜。公孙述在王莽篡位后，曾积极拥护王莽，被破格提拔到蜀郡任太守， 公孙述在天府之国里，势力渐渐膨胀，野心勃勃，自个儿想当皇帝了。当他骑马来到瞿塘峡口时，见此地山势险要，难攻易守，而山上有一座小小的子阳城，扼居水陆要道，便下令在此扩城修垒，屯兵严防。后来公孙述听说城中有口白鹤井，井中常冒出一股白色的雾气，其形状宛如一条龙，直冲九宵。公孙述故弄玄虚，说这是“白龙出井”，是他日后必然登基成龙的征兆。王莽新朝灭亡后，公孙述认为时机成熟，自据蜀中改称白帝（公元 25 年），国号“成家”，建元“龙兴”。当地官吏为拍新帝马屁，将他所建城池也改名“白帝城”，将此山亦改名“白帝山”。公孙述虽乱作为，却也为后史留下了光辉的一笔。据说其手下大将为便于跨江与东汉光武帝刘秀的军队作战，曾在荆门县境内虎牙滩建起过一座浮桥，这座浮桥据称为长江上有史可查的第一桥，可谓长江江桥的鼻祖。公元 36 年，公孙述与刘秀争天下被灭（在位仅 12 年），白帝城亦在战火中化为灰烬。公孙述称帝期间一向很苛刻敛财，即位后，废止行用铜钱，改铸“铁五铢”钱，致使民间货币不畅，最终霸业未成，该钱也是汉以来五铢钱史上第一种铁质钱，其铸地据考证为今四川绵阳江油市，因当地盛产硫磺铁，是铸铁钱的良材。

东汉　铁五铢

西汉　万字五铢

“大统五铢”钱：北朝西魏文帝大统六年（公元 540）铸，后十二年又铸。前期铸钱型厚大，钱文细长，“五”字直笔相交，穿右有一竖纹与“五”字相连，缘较宽，后期铸钱与隋五铢相似，不过钱形较小，肉厚感强，钱文狭长，存世不多见。

在这里不得不提的是与东汉“磨边五铢”钱相似的还有南朝“公式女钱”和东晋“沈充五铢”钱。

北朝　大统五铢

“公式女钱”：南朝梁武帝天监元年（公元 502 年）始铸，为无外廓而仅有内廓之“五铢”小钱，径 2 厘米、重 1.5 克左右。因属官铸，是谓“公式”，因其轻小肉薄，如女人般纤小，故称“女钱”，但该钱与磨边五铢钱有相似之处，也容易混淆，但细看还是能看出铸出的无边廓与剪去的无边廓还是有本质区分的，至少没有磨痕或剪痕。

南朝　公式女钱

“沈充五铢”钱：东晋孝元帝太兴元年（公元 318 年），江南吴兴地沈充所铸大孔小钱，钱文作篆字“五朱”或“五金”字样，外廓隐约，钱体轻小，又似东汉“磨边五铢”钱式的仿铸品。钱形圆，有方孔，正面和背面都有外廓，同文字一样高低，以保护钱文不受磨损，重约 3 克多点，该钱因铸量有限，且受地域所限，大多在江南地区偶有所见，要细辩。

东晋　沈充五铢

“隋五铢”钱：隋文帝开皇元年（公元 581 年）始铸，又叫“开皇五铢”钱或“置样五铢”钱。钱文“五铢”二字篆书，笔画精整，边缘较宽，“五”字上下左端有竖纹，钱背肉厚均有廓，交笔有圆曲与斜直两种，“朱”头多呈方折，外廓甚阔，面无穿廓，唯“五”字左侧多一竖划，横读似“凶”，故有“凶多吉少”的民间传说。文帝为统一币制，曾放五铢样钱令诸关查禁劣钱，遂又称“置样五铢”

钱。后炀帝（公元 605—617 年）在扬州开炉铸夹锡五铢钱，铜色发白，世称“白钱”，另有铁钱，后来的恭帝未铸钱。

“隋五铢”钱为隋代唯一铸币，也是我国“铢两钱制”钱币的终结者，行用七百余年的五铢钱从此退出历史舞台。

此外，在五铢钱的收藏中，也难免会遇到有异文或异型符号五铢异品钱，主要表现在钱面钱背上有不同的符号和文字或者与通常五铢钱有不同之处，这些钱绝大部分是西汉郡国时期为有别于他人而故意标注，或者是不同时期私铸钱的改范或错版，但也有两种例外，如面文上下各有一个“卐”字符号的五铢钱，此为非行用的厌胜钱或吉祥钱，类似于现在的纪念币；而在钱面上有正“平”字或倒“平”的异品五铢钱，则是东吴时期（公元 222—277 年）的“法平五铢”钱，是三国时期吴国地方郡县官铸的一种流通五铢钱，取“公平与法重”之义，这两种异品钱一般不多见。

另外，五铢钱中也有小“五铢”钱之分，直径在 2 厘米左右的还有三国 “蜀汉五铢”钱、东汉末 “前赵五铢”钱和 “西晋五铢”钱。

“蜀汉五铢”钱：是三国昭烈帝刘备（公元 221 年）在今四川成都建立蜀汉政权后所铸钱，其早期铸有“五铢”钱。钱体小直径 2.1 至 2.5 厘米之间，重 2 至 3 克，面无内廓，背有内外廓（外廓较内廓宽），均浅平，“五”字较圆润随意，下横不接下内廓；“金”字头呈三角或箭簇状，四点竖短；“朱”字上下方折，与内廓相连，“铢”文不及“五”字清晰规整。

“前赵五铢”钱：前赵（公元 304-329 年）为汉末北方十六国之一。其钱延用汉五铢钱制，但钱径小（约 2.1 至 2.5 厘米），不足 3 克重，铸工粗且钱文多不清楚，“五”字交笔内收，多与外廓相交重合，钱文高不及内廓，面有外

蜀汉　蜀汉五铢

廓无内廓，钱背内外廓均有且等同，存量不多。

“西晋五铢”钱：为西晋司马炎（公元 265 年）取代曹魏政权后所铸钱。钱体肉厚，钱径 2 厘米，重 2 克，面背均有内外廓（面内廓不明显）且方正，“五”字细直交笔，钱文多不清晰，存量稀。

十六国　前赵五铢

还有三种比以上更小（直径在 1 至 1.5 厘米之间）的小“五铢”钱，也就是通常所说的“鹅眼五铢”“冥小五铢”和“董卓五铢”钱。

西晋　西晋五铢

“鹅眼五铢”钱：是西汉晚期各地官员私铸的恶劣小钱，以充官钱，因钱形小，无文或字不清，像“鹅眼”或“鸡目”一样轻薄劣质，故得此名。

“冥小五铢”钱：是西汉宣帝时期铸的小五铢钱，型制、外观和样式均与五铢钱相同，只是钱径小不足 1 厘米，并不用于行用，多用于墓葬陪葬之物，故俗称“冥小五铢”钱。

“董卓五铢”钱：是东汉末年（公元 190 年）董卓铸行的一种无外廓，有钱型无钱文，或仅见内廓的劣质轻贱小钱，重不及 1 克，为钱史上最恶劣的差钱。

当然，五铢钱还远非这些，只不过像西汉早期的“榆荚五铢”蜀汉的“直百五铢”、西魏的“延环五铢”、南朝梁的“五铢”（标准备重 4 克）、北魏的“永平五铢”“永安五铢”“太和五铢”和北齐的“常平五铢”等，从钱面文字和钱型上都能一目了然地加以区分，这里就不再一一介绍。

西汉　宣帝冥小五铢

纵观五铢钱的发展和演变历史，只要弄清了各个时期的钱币特征，也就不难区分出来，对初入门者来说，只要弄清了这些基本特征，也就不会再见到“五铢”而发愁，更不会闹出错把所有五铢钱当作“汉五铢”钱来认定这样的笑话了。

“新”钱能窥王莽心

在我国古代钱币史上，王莽新朝钱可以说是五铢钱一统天下期间，独树一帜的另类钱。其发行的一系列钱币，均采用与以往五铢钱不相同的名称，就连钱文也改成了悬针篆字体，给人以耳目一新，成为钱币史上难得的收藏精品。

这里，我对王莽“新”钱铸制特征不作细说，大家可以“仁者见仁，智者见智”地加以鉴赏，只想透过王莽“新”钱来说一说个人的浅薄看法，从侧面窥见一下王莽的个人野心和私心。

王莽（公元前45年—公元23年），字巨君，是我国历史上“新”王朝的建立者。他原本是出身于西汉末年的王氏外戚，于公元9年，代汉而立，取国号“新”，建元“始建国”，史称建兴帝、新始祖高皇帝或新太祖，简称新帝。史学家对王莽的评价自古褒贬不一，有的称他是篡权夺位的巨奸，也有的说他是忘恩负义的小人，但史家中也有人称其为史上第一位改革家。现代著名大学者、历史学家胡适先生则称赞他是“一千九百年前的社会主义皇帝”。 对他一生的是非功过，本人不作评论，仅从铸钱这个角度来谈一谈自己的一些小小看法，可以用“成也作秀，败也作秀”来形容，颇为恰当。

王莽在未篡夺汉室天下之前，他是一位很会作秀的人，用现代流行的话说，就是很会在公众面前“卖萌”。相传，王莽被封新都侯、骑都尉及光禄大夫侍中期间，虽然身居高位，却从不以自己为尊，总能尊敬长辈、礼贤下士、清廉俭朴，常把自己的俸禄分给门客和平民，甚至卖掉马车接济穷人，在民间深受爱戴，威名远扬，成为当时汉室王朝中一位非常仁爱的大司马官，就连朝野的名流都赞颂他，皆以他为榜样。

公元前 1 年，汉哀帝驾崩，宫廷矛盾激化，王莽果断拥立汉平帝即位，得到了朝野一致拥戴，他也被视为力挽危局的不二人选，更赢得了“周公再世”的美喻，并加号“宰衡”，位列诸侯王公之上。公元 6 年 2 月，汉平帝病死（有一说是被王莽所毒杀）后，王莽害怕年长的太子登基，使自己不能任意操纵政局，于是拥立年仅两岁的刘婴（也称孺子婴）为皇太子，并在姑母太皇太后的授意下，代行天子管理朝政国事。从此，王莽开始了长达三年的“挟天子以令诸侯”时代，也是他一生“作秀”谋取高位，唯一一次成功之处。

那么，王莽不成功的作秀又有哪些？我个人以为，除了史家有定论的“政体改革失败”之外，四次币制改革“作秀”惨败所导致的民不聊生，也是加速新朝短命的重要原因。

众所周之，在我国历史上，篡夺“汉位”的共有两皇帝，一位是王莽（篡夺西汉政权），另一位是曹丕（篡夺东汉政权），但二人结局却大不相同，前者是在位被杀，后者是子袭王权。反差如此之大，关键在于王莽篡位后，高调作秀，强取豪夺，而曹丕则是低调做事，顺理成章。何以见得？还得拿“钱”来说事。

钱币是我国古代王权政治的象征，每一朝新皇帝入主，都要铸行自己的货币，既告示民众新主入宫的信息，又诏示万民“普天之下，莫非王土”的执政之意，可以说，钱币就是当时宣传“谁主王政”最有效的大众媒介。

王莽代行皇帝之实权后，自以为羽翼丰满，便急不可待地于居摄（当摄政王）二年（公元7年）推行了第一次币制改革，铸“大泉五十”“契刀五百”和“金错刀”等大钱来强制推行。据《汉书·食货志》记载：当时的“大泉五十”一枚相当于五枚“汉五铢”钱，“契刀五百”一枚相当于五百枚“汉五铢”钱，“金错刀”一枚更是价值五千枚“汉五铢”钱。他这么做一方面是为了削弱汉朝旧势力的垄断财富，另一方面则是大肆收刮民脂民膏，掠夺百姓财富，可见其私心之重，自然会引起众怒，这是他篡位前首犯的第一个致命错误，也为篡位后被诛杀埋下了祸根。相比起曹丕之父而言，同样是在行使“挟天子以令诸侯”之举，魏王曹操却没有大势张扬，破旧立新，仍以“汉五铢”钱为基础，不声不响地加入自己的货币“魏王五铢”钱，在鱼目混“铢”中，捞取个人政治资本和利益，并没有引起天下众怒，这就是曹操的高明之处。可以说王莽的私心太明目张胆，而曹操的私心却较为隐蔽。

新代　大泉五十（摄政大泉）

一个人偶尔犯了错不要紧，只要及时纠正，便能修补过失，令人遗憾的是，王莽犯错之后，又屡教不改，注定他的命运从此一错再错。公元 8 年腊月（居摄三年十二月），王莽早想自立为帝的野心昭然若揭，仍假仁假意地以接受皇太子刘婴的禅让为借口急忙称帝，当上皇帝之后的王莽又急不可耐地强行推进自己的政改路线，应该说在当时的特定条件下，“效法《周礼》，托古改制”是有其积极的意义，但他的个人理想化色彩，却不能从根本上解决既有的社会矛盾，反而落得富人恨、穷人怨，致使改革不切实际，屡屡受挫。可以说，王莽改革是在错误时机，用错误的方式，作了错误的决策，从而再次饱尝了错误的苦果。历史已作了总结，这里不再详解，大家可以翻翻历史即可而知，我只从他第二次强行币制改革“作秀”的失败说起。

王莽篡取皇位后，在推行政改的同时，又以君王之令，强制废除了此前的金错刀、契刀和旧五铢钱，除保留他的“大泉五十”大钱继续行用外，又推行“小泉直一”小钱来代替旧五铢钱。显而易见，王莽既是要诏示天下，“吾以为王，子民归顺”的野心，又要操控经济，巧取豪夺，牟取暴利的贪婪私心。这与后来的曹丕“子承父业”后，废“汉五铢”钱却不另铸新钱，仍承用“魏王五铢”钱的做法正好相反。曹丕的聪明就在于只让天下人知道有“吾王”的存在，原先的汉室虽变了样却又没有太大改变，使经济实行平稳过度。由此可见，曹丕的“只做不多说”是高手，而王莽的“既做又说”，完全暴露出其急于称帝和平富的野心，反而让旧势力富豪们和天下人反感他的倒行逆施，如此“作秀”确实是败笔之举。

新代　大泉五十（新莽大泉）

新代　小泉直一

新代　中泉三十

在现实生活中，有些人能知错就改，而有些人却不以为然，知错也不改。王莽就属于后一类人，不识时务，一意孤行，为极力推行自己的“五均六管”新政措施，又急于在次年再行第三次币制改革，不切实际地弄出个五花八门的“宝货”制度来，后来泉界中奉为上品的“幺泉一十”“幼泉二十”“中泉三十”“壮泉四十”“壮布七百”和“大布黄千”钱等名泉珍品就出于此时，反而造成了币制的复杂混乱，导致民间交易很不顺畅，物价极不稳定，老百姓未得其利，先蒙其害，更加剧了天下豪强和平民的不满，致使社会急剧动荡。可以说第三次“作秀”好比偷鸡不成，反蚀了把米。

王莽币制改革的不成功，更加剧了社会矛盾的激化，郡地官员见大钱花样繁多，又有利可图，便私下开炉乱铸大钱，至使部分劣质大钱充于市，有令也难止，商家几乎到了拒收新版大钱的地步，从而使行市和经济日益萧条，国库不仅没有所得，反而日渐空虚，已到了入不敷出的地步，严重影响到新朝政权的稳固。为此，王莽不得不于天凤元年（公元 14 年）实行第四次币制改革，想再次“作秀”来挽回民心，但为时以晚，更难以推行，直到地皇元年（公元 20 年）才彻底废除过去的大小钱，另铸“货泉”和“货布”两款新钱，以此来纠治经济乱象。可他又一次脱离了当时的社会实际，“货泉”虽相当于一铢钱，却比一铢钱轻，“货布”相当于二十五铢钱，分量却不足，其实则又是一次剥削天下财富的劣措之举，致使天下大乱，民不聊生。赤眉、绿林农民起义暴发后，民众和地主豪绅纷纷响应，绿林军于地皇四年（公元 23 年）一举攻入长安，在混乱中，王莽被商人杜虞所杀，新朝灭亡。

新代　货泉（俗称“将军头”或“娃娃脸）

当我们了解了新朝的来龙去脉，以及王莽多次币制改革的前因后果之后，就不难理解王莽“新”钱为何会出现在五铢钱独霸天下七百年的夹缝间，也能进一步了解王莽在位时间不长（前后总计 18 年，其中居摄 3 年、新朝 15 年），但钱的品种又为何名目繁多了。可以说，王莽“新”钱的诞生既是其野心勃勃、强行政改的产物，也是其个人私心贪婪、巧取豪夺的侧面写照，更是他一生“作秀”，屡屡失败的历史见证。

“五铢”剪边“克”里空

“克里空”是原苏联作家科尔内楚克在卫国战争期间写的《前线》剧本中一名军事特派记者的名字，因此人在前线采访时，不是深入一线了解情况，而是整天呆在指挥部里，捕风捉影，胡编乱造假新闻，后来新闻界常把新闻失实的报道戏称为“克里空”。此“克里空”是新闻做假失实的产物，而笔者在这里要说的“克里空”却是两汉时期五铢剪边钱在重量上做假减重的“克”里空现象，两者虽有本质上的差别，但细论起来也有异曲同工之处。

泉藏界有这样一个共识，就是将两汉时期五铢钱经过剪边的行用货币统称为“剪边五铢”钱，这也是五铢钱收藏的一个重要品种。在我个人看来，这样的区分其实不够严谨，同为剪边钱，在不同时期、制作方法以及历史演化中都不相同，不应该简单地划分为“品种”，而应该划分为“品类”，两者虽只有一字之差，但确实是千差万别。

根据泉家的定论并结合我个人的见解，“剪边五铢”钱应该是两汉五铢钱行用时期“磨边五铢”“剪廓五铢”“剪凿五铢”和“延环五铢”钱的总称，其钱型特征在前面的章节里已经初略作了介绍，各种钱谱里也均有详细介绍，这里不再重复，只借用“克里空”这个新闻述语，来概括此类钱币在划分上的一点初浅认识，以帮助大家多了解一些剪边钱产生与演变的背景，进一步丰富收藏知识。

首先，“剪边五铢”钱是“郡国五铢”钱开创造假先河的延续与发展。在大多数人的印象中，剪边五铢钱都是出现在两汉中后期的一种币制“乱象”。其实不然，在汉五铢钱行用的四百多年间，西汉郡国后期所铸的“郡国五铢”钱，算是“剪边五铢”钱的缩影，可以说是人为减重，在“克”里空上做手脚的始作甬者，对后来剪边五铢钱的出现和泛滥，有着不可“饶恕”的罪责与影响。

东汉　剪边五铢

在前面章节里我已经提到，“郡国五铢”钱是西汉武帝时期各郡国铸造的早期五铢钱，在其后期，个别地方郡吏为了中饱私囊，在铸钱过程中故意偷工减料，使得钱重与规定的币重不相符，或多或少地存在一些差别，只不过那时的各郡国官吏还不敢明目张胆地做假“剪裁”，只巧用钱廓缩水的办法，能省则省，尽可能少用一点铜料，大多不足半克左右，一般情况下不易被察觉，这类钱最明显之处，就是钱币的周廓略小于样钱，厚度略显得有点微薄。正是这不足以为怪的差别，很难让人想象是人为偷工减料的故意所为，连汉武大帝也为此头疼大伤脑筋，不得不收回各郡国的铸币权，直接由中央来统管统铸赤仄钱或上林三官钱。

如果说“郡国五铢”是“克”里空做假上的小打小闹，那么，西汉末期和东汉中后期出现的“剪廓五铢”“磨边五铢”钱就是毫不遮掩的“假”戏真做，其目的仍在于取铜，用来作为铸造新钱的原料，也是扰乱物价，造成汉五铢钱大幅度减重贬值的重要元凶。

“剪边五铢”钱，顾名思义就是用剪刀一枚一枚地剪去原钱的轮廓，再用于私铸。由于剪裁人的心态不一样，故每枚钱的去料、留径和钱重也各不相同，一般下手都剪得比较“狠”，常把钱币的面文剪去一多半，形成钱文的不完整或残缺，钱径也比原先少了四分之一多，重量则减去了五分之二或更多一点。从钱币的边缘来看，剪边钱周边多不光滑工整，不像磨边钱那样光滑圆润，大家很容易区分。这类钱的出现，严格地说，是西汉后期，特别是成帝、哀帝之后，各郡国势力一步步做大做强，根本不再把中央政府放在眼里，为了捞钱敛财，想怎么做就怎么做，至使这类劣钱开始横行于市。不过，刚开始个别郡国私铸出来的钱还较规制，可是到了晚期，社会矛盾尖锐，灾荒相继，大汉王朝如日中天的好时光一去不返，各郡国根本不顾江山一统的危局，只为自己横征暴敛，不加节制地私铸、烂铸此类劣钱，且轻薄剪边钱越铸越小，越铸越轻薄，使原先“汉五铢”钱精制完美的光环黯然失色，荣光不再。

后秦　后秦五铢(薄肉)

“磨边五铢”钱大规模地出现，更是东汉中后期私铸现象泛滥的恶果。是故意磨去边廓以达到“减重一克”的目的，大约磨三至四枚钱就可以再铸一枚新钱。据说，磨边的方法比较多，常用的一种方法是先用一根木质或金属的方棍穿进钱的穿孔，每次将几百或上千枚钱串联一起，然后固定好棍的两端，在磨石上打磨钱币的轮廓，以达到取粉的目的。一般情况下不会影响到钱的面文，并且钱币的边缘都比较光滑，也容易加以区分。

早期的剪边钱或磨边钱，大多只与法定货币相差“一克”左右，可就是因为这“一克”之差，造成了币值的不稳定，以小充大，以

西汉　鹅眼五铢

次充好，使钱重越来越不规范，也在不经意中扰乱了物价，从而加剧了社会内部的动荡，也加速了汉代两次政权的更迭，可见“克”里空的现实作怪，危害无穷。

其次，“剪边五铢”钱是国殇之灾的典型产物。在我国古代，私铸钱或造假钱的行为都是不允许的。在汉政权稳固的各个时期，剪边五铢钱，根本没有立足之地。早在西汉景帝时期，就有“定铸钱伪黄金弃市律”的规定。也就是说，造假钱币或假黄金者要处以弃市刑的重罚。在出土的张家山汉简《钱律》上也曾有记载，凡盗铸及协助人员和使用假币者一律弃市，有知情不报者一律受罚。可见，货币铸造权属国家政权的垄断行为，任何私铸和盗铸货币的行为都会受到严厉打击。由此可以下这样的定论，在汉政权稳固时期，由于中央政府严格把控着铸币权，且对市场实施有效的管理，社会经济秩序相对较平稳。但是，从西汉宣帝往后，也就是从西汉元帝（公元前 48 年）起，西汉王朝由于统治者的腐朽和官吏的腐化，加剧了社会矛盾的激化，地方势力的强大，大大削弱了中央政权的管控力，强郡和富贾左右中央政策的现象比较普遍，使得社会经济层面也遭受其害，采矿业的私挖乱采，所引发的私铸和盗铸货币现象得不到有效扼制，一些“没有铜矿可铸钱”地方官吏，更是别出心裁，在现有的流通货币上想方设法做手脚，“剪轮五铢”钱也就由此产生并泛滥开来，从而打破了旧有的经济秩序。可以肯定，剪边钱是国之不国和社会动荡的产物，各地豪强惟利是图，谋取私利，强抢暴敛老百姓财物的“强盗”行迹，是催化政局动荡、经济萧条与货币流通不畅的必然恶果。

西汉　榆荚五铢

再次，“剪边五铢”钱是架空中央政权，诱发危机的推手，是

东汉　董卓五铢

亡政灭国的真正帮凶。最典型的事例就是“董卓五铢”钱的出现，也是强权政治坑民害民最直接的体现。在东汉末年，以权臣高居的董卓拥兵自重，把持东汉朝政，弄出个“去铢名、薄肉轻、内无廓、有点形”的所谓“五铢”钱来糊弄人。此钱相比起东汉中后期仍保留“汉五铢”钱型制式，只磨、剪周边外廓的那些五铢钱来还要劣质，根本没了“钱样”。据说此钱大多只重一克左右，却强制当作五铢的重量来行用，是董卓架空中央政权，欺行霸市、强抢豪夺、坑蒙拐骗百姓钱财的最恶劣的表现，也从此种下了东汉亡故的命运。当时曾有一首广为流传的民谣，讥讽董卓是“千里草，何青青；十日卜，不得生。”其中，“千里草”“十日卜”合起来就是“董卓”二字倒过来的折解，暗指其倒行逆施，不得人心；“何青青”“不得生”则是以老百姓反问的口气，讽刺“地里只长青草不长禾苗”的原因，深刻揭露了“国无安宁日，霸王横天下”的社会惨状，民不聊生自然会引发各地农民起义来造反，也从此留下了钱币史上“董卓钱”臭名昭著的坏名声。

最后，“剪边五铢”钱也是民众巧以应对，加剧劣钱泛滥的根源。随着两汉后期币制的混乱，严重扰乱了市场和物价，物不所值，直接受害的是长年受劳役和赋税之苦的平民百姓。在东汉桓帝、灵帝时期（公元 147—184 年）老百姓为了抗拒劣钱的伤害，不得不采取应对措施，实施自我补救，这就又引出了另一种“剪凿五铢”钱的出现。是将五铢钱冲凿去外廓，使原先的五铢钱一半形似圆环状，另一半变成了剪边钱，把一个钱当作两个钱来用。由于冲凿过程中，要保留钱的样式，使得钱文“五铢”二字各剩一半，也就形成了“对文五铢”钱。“对

东汉　凿边五铢

文五铢”钱的特征主要表现在外环钱仍保留原五铢钱的外廓，而穿孔则变成了环形状且不整，留有被冲截的残迹，钱文“五铢”二字有的仅剩一半。内钱就是典型的剪凿钱，钱径大小不一，一般不足2厘米，重多在1.5克左右，边缘多薄残，内廓和穿孔与旧五铢钱等同未变样。如果能将两枚钱合二为一，严丝无缝，那将是收藏中极其难得的奇迹。

值得注意的是，此类环钱与西魏“延环五铢”钱有着本质的区别。西魏的“延环五铢”钱，不是人为冲凿出来的样子，是用标准钱范制作出来的正式行用货币，此钱的外环边与内环边同样工整光滑，只是将原来的小方孔变成了大圆孔，钱文完整较细长，重量在2.5克左右，是弱国或小国省材铸钱的产物。

西魏 延环五铢

纵观剪边五铢钱的出现和演变历史，我们不难看出，是政治不稳定导致经济混乱的历史见证，是做空两汉经济的罪魁祸首，也是钱币史上“克”里空最直接的表现。在现今的藏币市场上，随处都可以发现，一堆汉五铢钱里总有很多经过打磨或剪过边的不规则钱币，是与当时私铸烂造、减重省铜分不开的，而且在这期间，所产的劣质钱币十分量丰，几乎将原有的好钱都挤出了市场，其产量之大、影响之大、坑民之重，都与历史上任何时期无与伦比，这也是五铢钱长期抬不起收藏价格来的重要因素。

“半两”“布泉”各有异

前些时，笔者在古玩市场转悠，忽见二主在摊位上争得面红耳赤，凑到跟前一听，原来是为几枚略有差别的“半两”钱在“死叩”。听卖家讲，他这几枚秦“半两”钱都是难得的秦美品，不会有假；而买家觉得不像是真秦钱，疑为做假牟利的赝品。忽然，来了一个第三者“插足”，一口咬定，半两钱唯秦所独有，从外观看错不了，差别只是不同时期铸币上的差异。出于好奇，笔者也“扫描”了一眼，几枚钱币都不是假货，只是三位老兄没准确区分出秦、汉两个时期的“半两”钱而已。

北周　布泉

从这个小插曲中，我们也不难发现，时下为什么一提起半两钱，大多数人总会“忆秦忘汉”呢？这可能与半两钱在历史上的地位和影响有很大关系。众所周知，秦始皇是中国历史上第一个统一天下的皇帝，也是第一个统一货币的皇帝，历史地位和贡献无与伦比。尤其是圆形方孔钱的诞生，对后世货币的铸形影响更为深远，因此，一提起半两钱，自然会与这位功盖一世的始皇帝联系起来，把所有的半两钱统归于秦货币的范畴，也就不足为怪了。

其实，半两钱并非秦始皇所独有，秦始皇所铸半两钱仅仅是秦朝时期的货币，而早在秦王朝建立之前以及之后，均有“半两”钱的出现，细分起来大致可划分为秦国“半两”、秦朝“半两”和西汉“半两”钱三个阶段，行用时间更是长达数百年之久。

秦代　后期半两

对于钱币收藏者来说，钱种区分得越细越好，“半两”钱也不例外，应该明确区分为秦国币、秦朝币和汉币三大类。下面，我就此作个简要概括，以方便大家一目了然。

先说说秦始皇统一天下之前的秦国“半两”钱。根据钱谱和史料记载，秦国时期的半两钱是在战国中后期至秦灭六国统一之前所铸，并在秦国范围内行用的货币。此钱大约起始于秦惠文王二年（公元前336年），初铸的早期币被泉藏界称为“原始半两”钱。这种钱的钱体特征多为不规则的畸型，似圆又非圆，内孔也呈偏圆状，因为少于边廓打磨，其边缘仍残留有铸币时的铜碴，俗称“毛刺”。钱面“半两”二字粗放又不工整，犹似刀刻出来的一样，高凸感十分明显，重量大约在10克左右，钱径约3.3至3.5厘米之间，现今市场上已不多见。

这类钱为什么会铸工粗劣呢？这与当时的社会经济现状有关。早先的秦国在春秋时期只是一个诸侯国，国家比较弱小，且偏居西北，人口仅二千万左右，主要以农耕和放牧为主，国内经济大都承袭原始的交易方式，对货币的使用不是很普遍，而惠文王造币，仅仅是为了有别与其他国家的货币，也是象征性地展示自己的政权和经济管理意志，因此，对货币的铸型和要求都不像后来经济发达时期，为适应方便行用而铸得很精致。

秦代　小半两

到了秦献公七年（公元前 378 年）经过商鞅变法之后，随着秦国实力的增强和经济的持续发展，“半两”钱在铸制上才略有改变，相对原始币而言更为规整，出现了大型、小型、大篆文、小篆文、大字、小字和异书等众多品种。这类钱币从钱型上来看都较为工整，内孔也略显得方正，多介于方和圆之间，字型宽大且方折，厚重感强，但穿孔大小不一，也容易区分。此后，由于秦国国力日渐强大，商品交易量也随之增大，他国私仿“半两”钱的现象有所增多，开始充数市场，此类钱较肉薄，字面多不工整，偶尔还有变异文体上的差别。据说，大多数边缘有铸币边脚的“灯笼”钱（外形似灯笼形状）或“地雷”钱（外形似地雷形状）多出于此间，是开范铸钱后未经打磨或打磨不工整的结果，因铸币量大，在北方钱币市场上也较常见。

西汉　八铢半两
（有外廓）

秦朝“半两”钱，是指秦始皇灭六国后，在统一车轨、文字、度量衡等政策的基础上，为规范全国经济和市场秩序，废各国差别很大的行用货币，规定以秦制“半两”钱为统一行用货币，这也是我国最早的国家统一货币。其钱制特征为圆形方孔，方孔的长宽各为六分，钱文“半两”二字为小篆体，且字划方正比较高挺，光背无廓，

西汉　四铢半两

钱径一般在2.5—2.77厘米之间，重2.5—3.35克之间，约12铢（我国古代规定1两为24铢，半两钱也由此得名）重如其文，但因铸工原因，线条起伏不平，后仿者常忽略于此，这是区分秦朝半两钱与汉铸半两钱的关键之处。

秦代　后期半两

说到秦朝半两钱，这里还有一个有趣的现象值得一提。秦始皇赢政尽管是第一位统一天下的君主，但他特别迷信阴阳学说，在其治国理政中常以此为准绳，来修订国策。据《史记·秦始皇本纪》记载，秦始皇为稳固自己的天下政权，依据阴阳五行（金、木、水、火、土）和五星相生相克的原则，认为周朝为火德，火是导致周王朝灭亡的根源。为避免自己被灭亡的历史悲剧重演，他反其道而行之，施以“水德”作为立国之本，把春秋时期齐国政治家、思想家管仲的《管子·幼宫》学说奉为上宾，将“六数”作为标准尺度来规范各行各业。如：规定“衣服旄旌节旗皆上黑，数以六为纪，符、法冠昏六寸，而舆六尺，六尺为步，乘六马”；又如：秦亩制为二百六十步，一步为六尺；再如：秦朝设三十六郡，统管天下。特别是在钱币的形制上，除将“天圆地方”设为王之政本外，还规定“半两”钱的内孔边廓各为六分。可见，秦始皇对“六数”的迷信已经到了极点，不过，再迷信也难保江山永固，难免灭亡之灾。由此可见，伟人也有愚庸之短见。

战国　秦国半两

汉代半两钱，主要是指西汉初期出现的几种半两钱，一种是最早在西汉初期行用的“半两”荚钱和特大型“半两”钱，以及湖南等地方铸的铁“半两”钱。在此要说明的是，汉早期的特大型“半两”钱据说多为非行用钱，只作为镇库之用，也有的是地方官吏改秦大型“半两”钱以充私库所为，对后期影响不大，存量也少，铁“半两”钱，更是局域性产物，量不大，钱体大小类似于秦后期的小币，等同于此后的“四铢半两”钱，字平整而不清，很容易区别，如能收藏也是难得一品。

这里只说说早期的“半两”荚钱，因铸量大，行用时间长，正面和负面影响皆有，值得多提一笔。汉高祖刘邦登上皇位后，因战争导致国家贫穷，为解决军费开支，稳定市场笼络人心，允许郡吏私铸钱，但地方官吏私铸的钱普遍缩小且劣质，有的重不到一铢，其方孔宽大，四周像四片榆荚，故而得名“荚钱”或“榆荚”钱，“半两荚钱”通行于高帝至景帝时期。其钱制特征为体小肉薄，圆形方孔，穿孔较大，无内外郭，制作粗陋，边沿不规整。面文“半两”二字篆书，字文狭长，顺读，光背平素，直径1.5厘米，重0.75克左右。此“半两”钱名为半两重，实抵三铢重，这在当时购买力和商品交换水平较低的时期，这种轻型小钱在百废待兴的社会环境下，面对收入不高的民众则表现出极大优越性。但是不利的一面在于，由于当时物资匮乏，商人囤积居奇又引发物价高昂，有“米至一石万钱不足以为怪”的现象，老百姓叫苦连天。于是，在西汉惠帝三年（公元前192年），私人铸钱才被禁止，物价居高不下的现象才略有好转。

战国　秦国大半两
（俗称“灯笼钱”）

“榆荚半两”钱一般不易被混淆，也可以说是西汉早期半两钱所特有，唯一与秦半两钱不易区分的是高后当政时期的“八铢半两”钱，也是前面所提到的三位老兄争得面红耳赤的那几枚半两钱。这里就要从“八铢半两”钱的产生的历史背景来细论了。

高后垂帘执政时期，为整顿西汉早期半两钱的币制乱象，朝廷于二年（公元前186年）铸行的“半两”钱，也称“八铢半两”钱。

高后何许人也？高后即吕后，也就是刘邦的妻子吕雉，是汉惠帝的母亲，此人有很强的政治野心。惠帝即位后，朝廷大权旁落在吕后手中，并左右朝政，成为中国历史上第一位有实无名的女皇帝。吕后在当政的第二年，为稳定汉朝政权颁布了一系列政策法令，以治社会乱象。其中，在货币政策上就有了打击不法行为的《二年律令》，《钱律》就是其中之一，“八铢半两”钱也由此而生。

此钱直径与部分中型秦“半两”钱有相似之处，也是造成后人秦汉“半两”不分的重要原因。不过，只要细细品鉴，还是相差有别。“八铢半两”钱比秦钱文字较浅平，笔划也较为方折工整，钱边经过打磨且平整，钱径在 2.6—3.2 厘米之间，重 5 克左右，基本达到了 8 铢的重量，多无廓，较同型的秦钱相比略显得肉薄些。但此钱行用时间仅四年，加之后来废大钱行小钱，绝大部分被回炉，所以存世量不如秦钱丰，只要稍加细辨，并不难区分。所以前面三位老兄之争，还是不了解半两钱的原因所造成的，尤其是“八铢半两”钱又多不常见，才引起了这样的误会，其实，能得此钱两三枚也是十分荣兴的事情了。

类似这样的错判也不仅是半两钱一例，最容易混淆的要数新朝王莽时期的“布泉”与北周时期的“布泉”了。此两币无论从型制上都没有太大差别，所不同之处就是钱文上的点滴之别。王莽钱文为悬针篆，“泉”字中的 T 字中竖为中间有断隔，酷似人的眼鼻，泉字面部又尖凸，像是一个武士的头盔，整体看泉字面相更像个“将军头”或“娃娃脸”，所以新莽“布泉”又有“将军头”或“娃娃脸”之称。而北周“布泉”为北周武帝宇文邕于保定元年（公元 561 年）始铸，以一当五，与五铢钱并行使用，钱文为玉筋篆，“泉”中间 T 字为长竖不间断，泉字顶部尖而不凸，这是两种“布泉”的最大区别，收藏者切不可张冠李戴。目前，新莽“布泉”因铸量略比北周“布泉”大，故新莽“布泉”能多见，而北周“布泉”却极少见到，偶有所得，也常被一些初入门者误作新莽“布泉”的异品来认定，这是认识上的不当之举。

综上所述，作为泉藏爱好者，对古钱币的鉴藏一定要治学严谨，切不可人云亦云，把汉半两拿到秦钱来说事，把新朝布泉钱误作北周布泉钱，必定会在“懂行”人面前会闹出笑柄来。

藏钱别忘十六国

在我国历史上有一段特殊时期，即西晋末年至南北朝北魏建国之前（公元 304 年至公元 439 年）那段时间，也就是与东晋和南朝宋文帝共存十五年期间的“五胡十六国”时期，史家简称十六国。

十六国　汉兴钱

对于十六国的那段历史，本想忽略不计，尤其是各国名字上的忽“前”与忽“后”很容易让人思想错乱，也不能像史学家一样要去逐一考证，而且大多数国家与钱史没有太大关系，只因出现过四种流通货币，作为有钱史记载的一部分，贯穿于整个中国古代货币史的体系之中，又不得不提及相关话题，于是，还是要说一说为好，也好让初藏者有一个较为完整的对此阶段钱币史进行梳理和见证。

“五胡十六国”是指西晋灭亡后中原地区先后出现了以匈奴族刘渊、羯族石勒、鲜卑族拓跋珪、羌族姚苌和氐族苻坚为主建立的割据政权，历史上统称为五胡十六国，具体包括前凉（汉）、后凉（氐）、南凉（鲜卑）、西凉（汉）、北凉（匈奴）、前赵（匈奴）、后赵（羯）、前秦（氐）、后秦（羌）、西秦（鲜卑）、前燕（鲜卑）、后燕（鲜卑）、南燕（鲜卑）、北燕（汉）、夏（匈奴）、成（巴氐）汉（匈奴）。这里需要说明的是，当时建立割据政权势力的国家远不止十六个，还有谯蜀、冉魏、西燕三国，严格地说是十九国鼎力北方的局面。翻译《资治通鉴》的柏杨先生则认为是“五胡乱华十九国”，把这期间的代国（北魏的前身）、翟魏等国与吐谷浑（青海省东北部）、段部（河北省北方辽西走廊）、丁零、宇文部、仇池等中原以外的边陲部落及其他更小型的政权排除在外，所以实际上的政权数目远远高于上述数目，不同的国家数目只是因为各史家、作者对于“国家”认定的标准不同而已，有的国家存世较长，可作为一个国家来计，有的则存世较短，更迭替换太快，常被忽略不计，那么后世为何只称之为十六国呢？这是根据北魏史学家崔鸿编写的《十六国春秋》一书而得名，并延用至今。

俗话说“麻雀虽小，五脏俱全”。那么这些小国是否都曾造过钱？非也。纵观十六国，综合实力都相对弱小，经济大多以农业、畜牧业和手工业为主，商业经济不如中原发达，实物经济占据主导地位，对货币概念的认知和使用不是很明显，几乎没有本国货币，即使有的地方也行用货币，也大多是前朝的旧币，而真正铸行过自己本国货币的国家只有四个，即前凉的“凉造新泉”、后赵的“丰货”、成汉的“汉兴”、赫连夏的“大夏真兴”钱四种，其影响也较大。这些钱均采用汉五铢钱的“方孔圆钱”为钱制标准，但由于战乱连连，政权更替又较快，加之铸量又少，现存世已很少。

前凉“凉造新泉”钱： 前凉张氏王朝（公元317--376年）张轨所铸，是以国号为名的第一例方孔圆钱。据历史记载，公元317年，东晋王朝南迁后，北方大部分地区被少数民族武装势力占据，陷入混乱局面，唯独凉州地区（今甘肃和青海一带）为东晋凉州刺史张轨所占据，其孙张骏于公元345年自立为王，建立了“前凉国”政权，存世32年，后于公元376年被前秦苻坚所灭。张骏建国后承袭汉人文化传统，为发展经济，稳固社会秩序，促进贸易交流，新铸了“凉造新泉”小平钱，由于受当时铸币条件所限和物资奇缺的影响，新泉钱形制粗劣，十分轻小，形如汉代小五铢钱，直径约2厘米左右，穿孔0.7厘米，重约2克，针文篆书细如玉筋，“凉”字二点水旁为六竖纹，“泉”字中间成“T”字形，风格独特，字多不清晰，有对读和直读两种版式，为泉藏界珍稀币种之一，后世赝品较多，字多清晰品相好者为假。

后赵“丰货”钱： 石勒于公元319年在襄国（今河北省邢台）称王，建立后赵政权。石勒是个穷苦人出身，他自称赵王后，希望能给广大的老百姓带来富裕，铸造并颁布了新货币，名曰“丰货”钱。此钱有篆书和隶书两种版式，其钱文由右向左横读，分为有内廓和无内廓两种，钱径约2.4厘米，重2.1克至2.8克之间，历代素以富钱著称。民间曾有“藏丰货，家财富”之说。清朝藏泉大家戴熙在《古泉丛话》中曾讲述这么一个故事，张叔未来戴熙家赏鉴金石，戴送他一块封泥，第二天张叔未以一枚丰货钱作为谢礼，戴逢人便夸，得了此钱会致富，我将来若能家资巨万，都是先生所赐。足见丰货钱在人们心目中的地位之高，为难得之藏品。

成汉“汉兴”钱： 东晋李寿盘踞成都，改大成国为汉（公元338—343年），年号取“汉兴”，并铸有“汉兴”小钱，此钱系我国历史上最早的年号钱。钱文二字为隶书，有直读和横读二种，钱径约1.2厘米，重1克上下，汉兴钱制作粗陋，字浅肉薄，传世数量不多，以横读为罕见。汉兴钱的出现，不仅标志着一种新货币的诞生，更具有划时代的意义，这是生存于乱世夹缝中求盛求强的政权“宣言”。一方面对加强本国内部王权币制的统一，具有诏示性作用；另一方面为抵制别国货币的入侵，稳固本国经济秩序，具有积极的影响。因此，汉兴钱虽小，但存在意义重大，成为蜀中居富的根本。目前，该钱仍只在西南四川及周边地区偶能罕见，其他地方大多以赝品出现为多。

赫连夏“大夏真兴”钱：东晋时期南匈奴铁弗部族人赫连勃勃于公元407年在陕西立国，称之为“夏”。公元419年占长安后改元“真兴”，自称天王大单于。为有别于我国历史上的“夏”王朝，史家一般称其政权为“赫连夏”或“胡夏国”，但此政权仅存25年（公元407年-431年）。胡夏国铸有“大夏真兴”和“承光”（已罕见）两种钱。真兴钱型制承袭新朝王莽钱的遗风，内外廓精好，径2.3厘米，重约2.8克，钱文楷书略见隶韵，“大夏”为国号，“真兴”为年号，是历史上首例将国号与年号合璧的钱种。有趣的是，此钱因“大”字下面多了一点，常被误认为是“太夏真兴”钱，这一“点”并非误笔或铸纪星所为，而是实实在在的“太”字，与国号本不相符，又怎能叫国号钱呢？据我个人的理解分析，是小国以弱示强在货币上的体现。从史籍中不难发现，胡夏国经济是以畜牧业为支柱产业，对货币行用概念并不太强，实物交换是其基本的商业行为，这在历史上都是有考据的，这里不作过多解释。那么，胡夏国资源匮乏，又偏居一隅，对货币使用的意义又不大，为何还要铸行货币，造成资源浪费呢？其实不然。由于该国地理位置特殊，中原通往西域的古“丝绸之路”必经其境内的“阴山大道”，胡夏国一方面“雁过拔毛”，对过境商品实行征税，另一方面又积极主动与中原商贾开展商业交流，货币的简便行用，反而有利于商业活动，这才是他铸币的主要目的。至于“大”字为何又写成“太”字也绝非笔误，

“大”与“太”本没有差别，更多的仍是在强调自己的大国形象，是在提醒中原大国（东晋）别拿小国不当回事，可以说是一种宣传策略。只不过胡夏国存世不长久，铸币量有限，目前市场上伪品较多，需要初入门者多加甄别。

十六国存世一百多年间，大多数时间都是在相互争权夺地，加之，东汉朝廷常以招引为诱饵，拉拢其归附于己，逼迫各方胡人内迁，以便监控其实力，以增加兵源和劳动力，所以这些国家大多数未铸行本国钱，多采用汉五铢钱代为国币，仅以四个实力强大的政权拒汉以武征服天下。这也是造成十六国时期“国多币少”的重要原因，但这四种政权货币却是一个划时代的标志，成为钱史上不可或缺的重要组成部分。

唐宋拾趣

两瓶茅台知唐币

初入泉门的时候，本人对唐钱鉴赏也是目不识丁，只知道唐朝有“开元通宝”小平钱，却不知其种类复杂繁多，而且唐通宝钱背后还有许多鲜为人知的“秘密”。一次偶然机会，一位资深泉友路过来作客，闲话间说起了唐开元钱，经此点拨，本人方才茅塞顿开，为能讨得老友秘笈，还得从我破费两瓶茅台酒说起。

伍先生长我十多岁，年轻时曾在一冶炼厂工作，或许是职业关系，常能接触一些废铜烂铁，久而久之，身边便有了不少藏钱，退休后，便在太原开化寺开了个商号，专做钱泉交易买卖。老先生喜爱喝酒，而且对好酒情有独钟。都说朋友来了有好酒，那日也不例外，小酌两杯“二锅头”之后，自然离不开谈“钱”说爱的话题，本人不仅对先生的藏品丰富羡慕，更对先生的学识渊博敬佩连连。席间，我将此前花了八十大洋得来的一枚唐“开元通宝”钱，请先生指教，看看我买得是否物有所值，未曾想，老先生一句“不值也值，值也不值”的淡淡一笑，反而令我闹心了好一阵子，只央求老先生道明实意，然而，老先生却借口赶路要紧，下回再分解。

为了解开这个“下回再分解”之谜，我特意找了个空闲，专程登门请教，为得到真经，也不惜将自己收藏多年的两瓶茅台酒奉献了出来。老先生果真嗜酒如命，见有好酒，便滔滔不绝，将唐钱的历史以及鉴别的要点一一开讲了起来。

唐开元钱是高祖李渊入主长安建立唐朝后，为整治隋末战乱所导致的币制混杂现象，于武德四年（公元621年）七月，颁诏令废五铢钱，正式改铸统一的“开元通宝”钱行用。此钱并没有取高祖年号来命名，而是取东汉班固《东都赋》中“夫大汉之开元也，夺布衣以登皇位”之“开元”二字，喻意唐朝从此开辟新的历史纪元。这里的“开元”即指开国奠基，“通宝”则指流通的宝货。唐朝通宝钱的诞生，具有划时代的意义，反映了人们当时对货币的作用有了全新认识，以钱为宝的观念得到进一步增强，为后期一千三百多年“元宝”“通宝”“重宝”等币制的产生，奠定了认识基础，并为后期历朝历代所沿用，具有“始祖”地位，对古代日本、朝鲜及安南（越南）等国，都产生了积极影响。

“开元通宝”钱沿袭五铢钱“外圆内方”的特点，钱面最初四字据说为唐初四大书法家之一的欧阳询所题写，其字体在篆隶之间，文字庄重、隽秀、挺拔，特别美观。对书法爱好者来说，欧阳询这个名字可不陌生，是与颜真卿、柳公权、赵孟頫齐名的楷书四大家之一。其书法初学王羲之及北齐三公郎中刘珉，后渐变其体，笔力险劲，自成面目，人称“欧体”，为一时之绝，与同代的虞世南、褚遂良、薛稷并称“初唐四大家”，在楷书、隶书、草书等书体上均有造诣，其中尤以楷书为最，有“唐人楷书第一”的美誉。据史书记载，欧阳询的形貌很丑陋，但他的书法却誉满天下，一旦得到他的墨宝就视作珍宝，在唐武德年间，高丽（今朝鲜）特地派使者来长安求取欧阳询的书法，唐高祖李渊感叹地说："没想到欧阳询的名声竟大到连远方的夷狄都知道，他们看到欧阳询的笔迹，一定以为他是位形貌魁梧的人物吧"，足见欧阳询在当时已名扬海外。

"开元通宝"钱作为一种新式钱制，并以新的面孔呈现在世人面前，确实体现了大唐王朝开明起始的一面。此钱规定"每十文重一两，每一文的重量称为一钱，一千钱重六斤四两"，极大地方便了流通。此令的颁布也从此正式脱离了秦汉以前以重量为名的"铢两体系"，采用十进制换算办法，大大方便了行用，更适合商品经济发展的需要，这对当时因战乱导致的经济混乱具有良好的扼制作用，为老百姓恢复生产和商品流通提供了有力保证。正因为有了前期的经济保证，唐太宗于公元 626 年 8 月即位后，励精图治，呈现唐初"贞观之治"的盛世局面，打下了坚实的经济基础。

唐"开元通宝"钱贯穿于唐朝各个时期，行用长达 266 年之久，铸量大，版式多，是存世最多的古钱币之一。普通版价格不高，少见版价格略高，但也有奇品大珍。按照泉界收藏的评判标准，最为常见的"开元通宝"小平钱大至分为四个不同的铸币阶段：

唐初"武德开元"钱：初唐开元又称"武德开元"，是官方钱监局督造的一种优质开元钱，钱文直读，字体为八分隶书，笔划端庄沉稳，正反两面皆有廓，铜质纯净，铸造精良。钱径 2.5 厘米左右，穿孔 0.7 厘米，廓宽为 0.2 厘米，重约 4.5 克，"元"字首划为一短横，次划长横左挑，"通"字的走之前三笔各不相连，呈三撇状，"甬"部上笔开口较大，"宝"字"贝"部为两短横，不与左右两竖笔连接。

唐代　武德开元通宝

中唐“盛世开元”钱：尽管在“贞观之治”之后，唐朝经济迎来了空前发展，也尽管武则天改换了李氏王朝，但经济发展却没有受到太大影响，货币仍沿用“开元通宝”钱作为唯一的国币行用，为“中唐盛世”打好了基础。在唐玄宗于开元元年（公元713年）登基后的44年间，唐王朝又进入了极盛时期，是唐朝高度发展的黄金阶段，百姓生活殷实富足，府库充实。诗人杜甫在《忆昔诗》中写到：“忆昔开元全盛日，小邑犹藏万家室；稻米流脂粟米白，公私仓廪俱丰实”。杜甫诗中生动形象地描绘了当时的兴盛情景。与武德开元钱相比，唐玄宗后期的铸币，型制上差别不大，区别主要是钱文一改欧阳询亲书的端庄沉稳，演变成笔划疏朗，纤细清秀的笔体，“元”字首横加长，次划左挑，“通”字的走之前三笔呈似连非连的顿折状，进而又演变为连续的拐折状。“甬”部上笔开口较扁，整个字体显得比前期瘦长，“宝”字“贝”部内中间两横加长，与左右两竖相衔接。宝盖头下的“尔”字呈三竖状，钱背面多有指甲痕或月痕。

晚唐“会昌开元”钱：“会昌开元”钱的复出还是得益于“安史之乱”后整顿币制的结果。据史载，史思明称王洛阳后，曾发行“得壹元宝”和“顺天元宝”钱两种大钱货币，尽管时间不长，只强行使用了一两年，但由于叛王的贪婪，一枚得壹或顺天新钱，须当100枚开元通宝旧钱使用，所以老百姓对“得壹”和“顺天”这种不足值的大钱深恶痛绝，战乱之后纷纷将其销熔铸铜佛，现已不多见，所以藏界对这两枚钱有一句行话：“顺天易得，得壹难求”，说的正是这种情况。可以说“安史之乱”严重扰乱了唐朝盛世经济，是唐经济由盛至衰的转折点。“安史之乱”之后，唐肃宗乾元元年虽然发行了虚价的“乾元重宝”钱，想平息两钱的乱象，反而适得其反，

唐代　会昌开元通宝
（背昌）

更加剧了钱制的混乱。武宗继位后，为稳定经济而推行了“两税法”，因此法以铜钱来征税，造成了货币供应的严重不足，于会昌五年（公元 845 年）新铸了大量开元通宝钱后才缓解了严重的钱荒。据《唐会要》卷四九记载：会昌五年七月，中书门下奏：“以天下废寺铜像及钟磬等委诸道铸”。在《泉货门》中更有明确记载，“天下士庶之家，所有铜像，并限敕到一月内送官，如违此限，并准盐铁使旧禁铜条件处分”。由此可见，“会昌开元”钱大都是用毁寺铜佛来翻铸，从现存的会昌开元钱上也不难看出，此钱较早期开元钱都质差，铜杂质多，外观品相不如早期清亮，皆缘于此。会昌开元钱最大特点是，背铸有州名（共二十二地），如京师铸“京”字、扬州铸“昌”字。由于各地铸钱工艺存在差别，多数钱币周廓偏斜，钱文笔划纤细模糊，“通”字的走之前三笔呈连续顿折状或似连非连状，多数轮廓不整，但会昌钱仅铸一年并停铸。

南唐“开元通宝”钱：据史载，五代十国时期，南唐创建者李昪之子李璟于中兴二年（公元 959 年）曾铸“开元通宝”钱。此钱有小平钱与唐“开元通宝”钱相仿，区分之处就是边廓宽缘，钱文篆隶成对，尚有大钱，因铸量少，存世不多。

五代　南唐开元（篆体）

此外，五代十国时期闽王于龙德二年（公元 922 年）开铸的一些大型铜质、铁质、铅质的“开元通宝”钱和小型钱，大型钱背星月纹或闽字，小型钱背闽、福、殷字，此类钱文字多不工整，属地方钱，存世量也不多见。

五代　南唐开元通宝（宽缘）

经过老先生一番教导，本人获益匪浅，至少对唐开元系列钱有了初步的认识印象。或许是老先生得了两瓶茅台酒的缘故，他居然将自己收藏的一袋唐币散钱，全赠送了我，以充实我在唐钱上的收藏不足，细细翻了翻，几种开元钱都有，不免面露喜色。然而，在这堆散钱中也夹杂了几枚非开元钱，带着不解的疑问再次请教老先生，他依旧淡然一笑，又耐心地给我说起了这几枚“杂钱”的来历。

在唐历代皇帝中，绝大都数都在延用“开元通宝”钱，不过也有铸其他钱币的事。如“乾封泉宝”和“乾元重宝”以及后期的“大历元宝”“建中通宝”“咸通玄宝”钱等，但这些钱都寿命极短，并没有影响开元钱的统治地位，而且新钱出现后老开元钱仍在并行使用。

唐“乾封泉宝”钱 唐高宗乾封元年（公元666年）铸“乾封泉宝”钱，这也是唐代第一枚年号钱，规定一枚“乾封泉宝”当十枚“开元通宝”钱使用。那么，唐高宗为何在继位十六年后才出此新钱，且只用了八个月就停铸呢？这里也确有原因。据史料考证，乾封是唐高宗的第五个年号，是封禅泰山后，才改“麟德”年号为“乾封”年号的，这与大家熟知的女皇武则天有很大关系。据唐史载：武则天原为太宗李世民的幼妾，后被太宗逐出宫外削发为尼，太子李治继位后，一直恋恋不忘武则天的美貌，于公元652年将其接入宫中为妾，而高宗皇帝性格昏懦，毫无主见，朝廷生死大权逐渐操纵在武则天手中。麟德三年，武则天在泰山举行规模空前的封禅盛典，刻立“双束碑”，喻意武则天与高宗皇帝共创天地，并将麟德三年改为“乾封”元年，为表记武后新纪元的功业，于当年四月新铸“乾封泉宝”钱行用于市，但此钱实为虚值大钱，导致通货膨胀，造成经济动荡，老百姓并不认同。当时曾有“谷帛腾贵，商贾不行”之说，高宗不得不下诏反思自批：“采乾封之号，改铸新钱，静而思之，将为不可”。他认为，高祖铸开元通宝钱，在太宗皇帝贞观鼎盛时期都没有改铸新钱，自己却

唐代　乾封泉宝

铸新钱取而代之，有违天意，只好于次年正月废弃此钱，并收缴回炉销毁，重新开铸开元钱行用。可见此钱存世仅八个月，入市量极少，在唐代的钱币中属于热门品种。此钱四字面文为楷书，比开元钱略大，铸工规整，后世赝品极多。

唐代　乾元重宝（花穿）

唐“乾元重宝”钱 唐肃宗继位后于乾元元年（公元758年）七月，由御史中丞相奏请铸行“乾元重宝”钱，民间俗称“乾元大钱”。此钱为圆形，内有方孔，铸有凸文“乾元重宝”四字，隶书直读，因钱径与开元钱相仿，但份量重，初铸钱轮廓深峻，后期较为轻小。二年再铸“乾元重宝”（重轮）钱，因此钱背面外廓为双层，故叫“重轮钱”。重轮钱比初铸重宝钱略大1/3，先是以一当开元钱五十文兑换，因不断减值，于肃宗上元元年（公元760年）改为重宝钱当十钱用、重轮钱当二十钱用。从重宝钱到重轮钱的持续贬值不难看出，长达八年的“安史之乱”，已使唐朝经济元气大伤，市价秩序混乱，加之此前“得壹元宝”和“顺天元宝”两种虚值大钱造成“王赋所入无几”的问题已经十分严重，朝廷本想以新铸“乾元重宝”钱来稳定物价，增加朝廷税收，但此法不仅不能奏效，反而引发了更为严重的通货膨胀，物价直线飞涨，以至一斗米涨至七千文钱，老百姓因“米贵如金”饿死者不计其数。因此，这项币制改革遭到朝野责难，于次年十一月废止。

这里要提醒一下，市面上偶有“乾元重宝”小钱出现，此钱并非肃宗年间开铸钱币，而是其子代宗继位后于宝应元年（公元762年）后铸的乾元小钱，钱面与重宝钱相同，只是径小，形似开元钱，背多有星、月、祥云、瑞纹。此钱虽为重宝钱，曾作以一当三枚开元钱用，可三天后又改为以一当一用，不久下令停铸，独行开元通宝小钱，因此，该小重宝钱已不多见，藏者若有幸真是难得佳品。

一年前，我曾在保定古玩市场捡得此枚小重宝钱，那次也纯属偶然，据卖家小伙子讲，在我此前十几分钟左右，曾有一个买家也相中了此钱，只因卖家对此钱是识货的主，出价有点高。可那位买家有点嫌贵而放弃了，当我转到跟前一眼便看中，杀价也不是太狠，就收入囊中。可是过了没多久，只见一个中年人走到我面前问我刚才是不是得了一枚小重宝钱，我说是，他显得有点懊悔地跟我商量，能不能转卖给他，我说不行的。他见我没答应很是后悔，说刚才只因身上钱没带够，就返身回去取钱了，再回来买时，没想到此钱已被我所得。从这件事可以看出，有些好货确实是机不可失，时不再来，一旦后悔，为时已晚。

唐代　乾元小重宝（大钩）

唐“大历元宝”钱：唐代宗大历年间（公元 766--779 年）西北地区地方铸币，中原比较少见，面文旋读，大致与开元通宝钱钱制相仿，但制作粗陋，铜色昏浊，钱文隶书四字旋读，书体朴实有力，有大小两种样式，如今存世量已罕见，属古泉珍品。

唐“建中通宝”钱：唐德宗建中年间（公元 780--788 年）西北地区地方铸币，中原地区极少发现，在新疆库车一带屡有出土，钱体薄小，四字隶书旋读，文字晦漫，铸工草率，版式有大小两式，如今存世量不多，好品难求。不过，近来有些收藏者依据唐德宗曾经使用过一年“兴元”的年号，故认为德宗在位时也曾铸行过“兴元密宝”小钱，但查询相关钱史资料均无此一说。根据此钱“外圆内方，篆文字体，背面无字”的币制特征描述，应该是北宋“熙宁元宝”篆文旋读小平钱，只不过把“熙”和“宁”的篆字误当成“兴”和“密”字，取直读而已，只要细细了解一下篆字书法，便能加以区别，切不可“偷

唐代　建中通宝

梁换柱”，哗众取宠。

唐“咸通玄宝”钱：唐懿宗咸通十一年（公元870年）在桂阳（今湖南衡阳）监铸，钱文四字隶书而含魏碑风骨，取直读，章法匀称有力，因铸而未行用，故传世绝少，为唐钱第一珍品，也是中国古钱五十名珍之一，市场上仿品很多，收藏者要注意甄别。

经过老先生的一番细说，顿使我领悟，此前那番“不值也值”之说本是说唐开元钱，作为一段历史的货币见证，确有纪念价值，对于泉藏爱好者来说，能得到一枚美品好钱，不应以价格来衡量得失；“值也不值”应当理解为唐开元钱在历史上行用时间长，铸量大，收藏者应全面了解这方面的知识，做一个真正识货的人，而不能受卖方忽悠，价格适中即可，得此心得，奉献大家，以供参考。

五代乱世多名泉

泉藏界有一句谚语叫“乱世出珍泉”。

纵观中国古代钱币史，不难发现，这的确是一句至理名言。根据《中国古钱目录》所列的50品历代古泉名珍，其中有13品就出自于五代十国时期（公元907—979年），由此可见，五代十国时期是名副其实的乱世。

五代十国为何乱而出钱珍呢？一方面，北方五个相继出现的政权（后梁、后唐、后晋、后汉、后周），无论哪一个政权都认为自己是天下唯一的正统霸主，从建国起就想以武力吞并天下，连年战乱不断，一个个政权像走马灯一样更迭。五个政权的延续历史相加也不过54年，后梁最长16年，后汉最短仅存4年，如此“短命”的五代，铸钱量本来就不多，再随着各个政权的垮台，被后者销毁化炉的现象常有，真正散于民间的寥寥无几，也就造成了这个特殊时期钱币的奇少奇珍现象。另一方面，相对北方政权而言，南方实力较强的前蜀、后蜀、吴、南唐、吴越、闽、楚、南汉、南平（荆南）、北汉等十国政权较为“长寿”，吴越政权长达71年，前蜀最短也有18年。南方的这些政权小国大多采取保境安民的政策，使生产发达，经济繁荣，政权较为稳固，除吴、吴越、南平（荆南）、北汉四国未铸钱外，其他均有铸钱。如南汉铅钱“乾亨重宝、通宝”前蜀钱“天汉元宝”“光天元宝”“乾德元宝”“咸康元宝”等大量铜、铁钱或铅钱，其中以南唐钱种类和数量最多，但这些国家整体国力还很弱小，各国货币都没有占据较长的统治地位，仍属于寿命极短的地方性割据政权货币，流通范围有限，许多钱币的铸造量特别是铜钱的铸造量也极少，几乎是一种象征性的东西，在货币史上的影响力非常小。此后，随着北宋逐步吞并各国，统一天下，这些钱币自然也就“昙花一现”地消失于历史舞台，反而成为了收藏界推崇的珍品。

五代　咸康元宝

对于泉藏爱好者来说，这个时期的钱制特征，史书典籍上都可以查询，这里不再重复，我只想帮助大家简要做个归纳，以了解这些钱币的大致共性特征。

一是小国铸大钱，大额钱币较为盛行。唐朝大部分时间用的是开元通宝小平钱，五代十国则出现了诸多当十、当百、当千、当万的大钱。如后梁太祖开平年间（公元907—911年）铸“开平通宝（当五）、元宝（当十）”钱；后唐末帝清泰年间（公元934—936年）铸“清泰元宝（当十）”钱；前蜀后主乾德年间（公元919—924年）铸“乾德元宝（当五）”钱；闽王龙德二年（公元922年）铸“开元通宝（当十钱）”钱、永隆四年（公元942年）铸“永隆通宝（铁钱当十、铅钱当百）”钱、天德二年（公元944年）铸“天德通宝（当十）、重宝（当百）”钱；楚武穆王乾化元年（公元911年）铸“天策府宝（当百）”钱、“乾封泉宝（当十）”铁钱和“乾元重宝（当二、当五及当十）”钱；南唐中宗保大年间（公元943—957年）铸“保大元宝（当百）”钱、中兴（交泰）元年（公元958年）铸“永通泉货（当十）”钱、显德六年（公元959年）铸“唐国通宝（当十）”和“开元通宝（当十）”钱；南汉高祖乾亨元年（公元917年）铸“乾亨通宝（当十）、重宝（当百）”钱；南汉高祖白龙元年（公元925年）铸“飞龙进宝（当百）”钱；燕王（幽州）刘仁恭铸“永安一十、一百、五百和一千”钱、“顺天元宝（背一十、一百、一千）”钱、其子刘守成称大燕皇帝后又铸“应天元宝”（背万）、“乾圣元宝”（背百）、“应圣元宝”（背拾）钱等。为何“国小钱大”现象在这段时期比较普遍？主要原因是这个时期，大小战争接连发生，统治者为维持政权开支和战争支出，不得不采取以大钱来吸金的办法，通过大肆搜刮民间财物，强取豪夺，如此恶性循环，必然引起通货膨胀，物价飞涨，使得虚值大钱作乱的现象也就由此逐步形成开来，充数行市，最终导致虚值大钱横行于市，小钱被取而代之。

二是铜材奇缺，多以铁、锡、铅低值金属代替。长年兵荒马乱导致政权不稳定，相互掠夺又造成了战略物资奇缺，尤其是铜材的消耗巨大，各国为疲于应付战争，只能把有限的铜材用于战争，而在铸币发行上只能另寻他法，不得不把低价值的铁、铅、锡等用来代替铜材来铸钱，以资国之所用。特别是盘居南方的诸多小国，受北方战争的影响，一边要加紧自身战备所需，一边又要谨防本国货币铜钱被吸空，也只好出此下策，以低价值金属来代铸钱，如此连锁反应，就行成了非铜质货币主宰天下的局面。如前蜀光天元年（公元918年）铸“光天元宝”铁钱；前蜀后主铸“乾德元宝”铁钱；闽王龙德二年铸“开元通宝”铁钱和铅钱、永隆四年铸“永隆通宝”铁钱和铅钱、“天德通宝、重宝”铁钱；楚铸“天策府宝”铁钱；

后唐铸“乾封泉宝”铁钱；后蜀后主一政年间（公元938—967年）铸“广政通宝”铁钱和铅钱；南唐铸“保大元宝”“永通泉货”“大唐通宝”铁钱和“唐国通宝”钢钱、铁钱和铅钱；南汉铸“开平元宝”“开元通宝”铅钱和“乾亨重宝、通宝”铁钱、铅钱；燕王铸“永安”和“顺天”铁钱等。这些钱价值低廉，根本不能与铜钱相等值，民间苦不堪言。

据传，燕王刘仁恭还曾用堇泥（即粘土）烧模制钱，强迫收兑铜钱，搜刮民财，为民所恨。据民间流传，燕王所刮财富全部藏于北京郊区居庸关附近的大王山中，并成为钱史上的一段千古之迷。据现代考古发现，这一带还果真发掘出不少北燕时期的古钱来，但出土量并没有民间传闻的那么“藏量之丰”，或许是民间多有散落，也或许是此地根本无银，看来要解开此迷，还有待专家进一步发掘取证。

这里还要提一个有趣的事，在我国历史上有两位皇帝因铜材紧俏，曾毁佛铸钱。一个是唐武宗李炎铸会昌“开元通宝”钱，另一个是后周世宗柴荣铸“周元通宝”钱，但二人毁佛铸钱的历名背景却大不相同。前者是苦于唐代佛教盛行，把大量铜材用于建寺铸佛，甚至某些地方把铜钱也用来化铸，造成严重的钱荒，阻碍了社会经济发展，加之僧尼众多，老百姓负担沉重，供养不起，不利于李唐王朝经历“安史之乱”后的政权稳固和经济复苏，唐武宗即位后才有了“穷吾天下——佛也”的哀伤，这才下令全国毁寺万余座，还俗僧尼二十多万之众，收缴铜佛像和铜钟等法器全部用于铸钱，服务于民，以减轻民役赋税之苦，具有开明、进步的重大意义。可是，后周世宗柴荣效仿唐武宗是苦于铸钱无材之所为。当时，后周世宗想做历史伟人，提出了以“十年开拓天下，十年养百姓，十年致太平”的执政目标，意图统一天下。在经历了“高平之战”之后，因国库空虚，难以为后续扩张服务，于是在显德二年发动了一次毁佛造钱运动，废天下佛寺三千三百三十六座，毁其铜像铸成“周元通宝”钱，以解铜荒之急。可这一举动遭到佛教徒和满朝大臣的反对，认为此举辱没佛祖，是大不敬。周世宗于是搬出佛教中“舍身饲虎”的典故来为自己辩解说：“佛说以身世为妄，以利人为急，使期真身尚在，苟利于世，犹欲割截，况此铜像，岂有所惜哉！”意思是说，佛是造福众生的，假如他活着，为了救人，他的真身都可以毁去，又为何舍不得铜像呢？此番言论，说得反对者哑口无言，只好服从。据说，周世宗对铸钱很重视，曾在后殿设几十座大炉，亲自督铸。不过，由于“周元通宝”是毁铜佛所铸，所以又被民间视为有灵性之物，相传当时人们争相收藏和佩戴，认为佩挂此钱能辟邪，可得到神灵保佑，还可以防身祛病，赐福降祥，更有甚者认为其铜屑入药可治病，故“周元通宝”钱又以吉祥钱的美誉名冠天下。现今，我们在市面上时常能看到一些周元通宝大钱或背面有各种吉祥图案的小钱出现，但这些钱已不是周世宗时期的行用钱，大多已是明、清时期私铸的厌胜钱（吉祥钱）。

三是物以稀贵，部分铜钱奇珍。五代十国钱币品种繁多，版别复杂，风格独具，材质多样，受地域、铜材和铸造工艺的局限，大多数钱币制作粗糙，文字不工整，带有私刻乱画的随意性，铸量都不大，加之，后期反炉回收的原因，存世量极少，有的仅见一两枚。

在五代方面，后梁和后唐都一直延用唐开元钱。据说后梁在争雄中原期间，为支撑战争所需，曾铸“开平通宝”“开平元宝”年号钱，但随着政权交替，开平钱也大部被后朝销毁铸新钱，目前，有存世记载的仅各一枚，其中，通宝钱现存中国历史博物馆，元宝钱下落不明。又传后唐庄宗在位时，只知让孔谦（时任租庸使）铸劣质铅锡钱横征暴敛，不注重发展生产，搞得民不聊生，百业凋零。明宗（公元 926—929 年）即位后，采取了一系列措施来改善困境，首先诛杀孔谦，废劣质铅锡钱，改铸“天成元宝”铜钱，足值足重，并废除各种苛敛条目，并实行“八十陌钱”制度（以八十枚钱之数当百枚使用），以减轻多种不合理的赋税，使百姓得以休养生息。据《旧五代史·唐书》载：天成二年时，经济状况有了明显好转，府库充实，物价相对平稳，有“斗粟不过十钱”之说。该钱因存世不丰，加之史料又失载，故被列为古泉五十名珍之一。真正有文字记录的是后晋铸的“天福元宝”钱、后汉的“汉元通宝”和后周的“周元通宝”钱，这些存世也较多，但总量又不如汉五铢钱和唐开元钱铸量丰，因此，也多列为珍稀品种。此外，值得大家关注是珍钱之所以珍，原自于稀罕，而现今交易市场上偶尔也常出现一些当时的珍钱，就要提醒大家多加小心了，谨防上当受骗，这里有必要将此间珍品单列出来，以供大家参考。

楚王铸“天策府宝”钱是其一。马殷受后梁太祖册封为天策上将军后，于湖南、广西一带称王建楚，加上其子孙六代世袭，历时五十五年（公元896～951年）。因楚王平庸，国力弱小，马殷一直不敢自立称帝，总是向大国俯首称臣，其所铸大量货币仍以“山塞”唐代钱为主，不过这些“开元通宝”铁、铅等劣质大钱，并不为他国所接受，只能在国内使用，商贾也只好将这些钱在其国内花掉，换取货物后带到别国去。其实，这是他不露锋芒的精明之处，既不使本国钱币外流，又能稳定国内物价，征得税收。当然，此君又不甘寂寞，以发行“天府策宝”铜钱纪念币名义兼作行用，规定此钱只许在国内“特用”，不得流于国外，受此限制，该钱流通范围极小，加之铸量也少，反而成为钱史上的大珍。

闽铸 “永隆通宝”和“天德通宝、重宝”钱是其二。闽王王审知在福建称王之后，建元龙启年号。据说也曾铸有“龙启元宝”大钱，但无史据可考证，民间虽有传，疑似后仿私铸钱。龙德二年起铸“开元通宝”钱行用，版式仿会昌开元钱，钱背上有一“闽”字，也常被误认为是会昌开元钱。铅钱开元有背闽、背福、背殷和光背四种，现已罕见。公元943年，王审知第三子王延政杀兄自立，称帝建州，改国号为殷，建元天德，共历两年，铸有“天德通宝”和“天德重宝”背“殷”钱。根据文献记载，“天德通宝”有铜、铁两种钱，但铜钱仅见两枚，铁钱尚无可考品。后来，王延政于永隆四年又铸“永隆通宝”铜、铁、铅钱，因铅钱少，国内现仅见一枚，泉界素有“永隆、天德难得一求”之说。

前蜀铸“永平元宝”钱是其三。前蜀高祖王建于永平年间（公元 911 ～ 915）铸造，版式为小平钱，早期有大样、晚期为小样，铸工不精，面文粗糙， 钱文“平”字中竖粗长，背穿上月痕，无大钱或铅锡钱。此年号钱传世极少，现市面上能多见的一种文字纤弱的“永平通宝”小钱，系属安南（越南）铸钱，元宝与通宝虽一字之差，但相去甚远。

后蜀铸“广政通宝”和“大蜀通宝”钱是其四。后蜀高祖孟知祥在明德元年（公元 934 年）即位，曾铸“大蜀通宝”国号小平钱，因在位仅一年病故，铸钱量少以及受后期战乱影响，大多数钱币遭后世熔毁。据说此钱传世仅有十余枚，也无任何出土记录，只在民国时期曾有 3 枚为泉家所藏，现已下落不明。其子末帝孟昶喜爱芙蓉花，命人在成都广为种植，故成都又有“芙蓉城”的别称，流传至今。末帝在广政年间（公元 938 ～ 956 年）曾铸“广政通宝”小平钱，有铜、铁、铅等品种，存世皆罕，铜钱尤其罕见，为古钱之大珍。

五代　广政通宝

南唐铸“大齐通宝”“保大元宝”和“永通泉货”钱是其五。南唐铸钱是最多的一个政权，除常见的“开元通宝”“唐国通宝”和“大唐通宝”钱外，还有铸量较少的“大齐通宝”“保大元宝”和“永通泉货”钱都比较珍稀。“大齐通宝”是南唐开国皇帝李弁铸造的第一种南唐钱币。李弁曾被封为齐王，于杨吴天祚三年（公元 937 年）废吴睿帝自立，国号大齐，铸有“大齐通宝”钱。现已考证发现的真品存世仅两枚，一枚的右上方缺一角，钱币界称之为“缺角大齐”，另一枚钱上钻有 4 个小孔，被称为“四眼大齐”。“缺角大齐”由清代画家戴熙所藏，当时有人愿用高价收买，戴不忍割爱，太平军攻陷杭州后，戴出于偏见投水自尽，死前将藏钱等物深埋地下，后人为了得到这枚稀世真品，争相购买戴宅，掘地数次，终无所获。“四眼大齐”是上世纪 20 年代泉学家戴保庭和朱克壮在江西鄱阳湖农村孩童踢的毽子上发现的，因为做了毽子，被钻出四个小孔，后被著名收藏家张叔驯重金购得，藏于密室，从不示人，可见此钱弥足珍贵，为中国古钱“五十名珍”之一。“保大元宝”钱系南唐李璟保大年间（公元 943 ～ 957 年）所铸，因背有一“天”字，曾引起地属之争，南唐说认为是李璟的年号钱，而楚铸说认为，面背“天”字遗存有楚钱的旧钱制风韵，应为楚铸钱。但不管怎么说，此钱仍大珍，现存世不过超 5 枚。值得注意的是，当前泉藏界对此钱另有一番出处之争，认为“保大元宝”光背钱和背天钱均属同一帝所铸，即辽代天祚帝保大年间（公元 1121—1125 年）的年号钱，从而全盘否定南唐铸钱之说。我个人认为，在不同历史时期，出现同名而不同期的钱币现象也是常有的事，但一味地强调其专一属性也有不可取之处，毕竟不同时期的钱总有其自身的钱制特征。保大钱就是一例，南唐可铸，辽代也可铸，南唐出背“天”钱，辽代出“光背”钱，本身就是有区别可鉴，不可因有此而舍彼，这不符合科学定论。应该肯定的是，南唐出此钱有依有据，而辽出此钱却没有文字记载，沿用辽代改年号必铸钱的规律来加以定论，也不能说不现实，辽代毕竟在文字记述历史方面本来就不够严谨，更何况辽代天祚帝又是最后一个皇帝，保大是其最后一个年号，铸新钱也有可能。因此，按照约定成俗的惯例来划分时代也不应为错，切不可有你而无我，争之不休。在这里特别要提示一下，“保大通宝”小平钱就不是南唐钱或辽铸钱了，而是出自安南（今越南）保大帝阮永瑞时期（公元1926-1945年）仿汉钱制的“保大通宝”钱而铸，有小平、背十文、机制三种币版，市面上较常见，这就不能人云亦云，“指鹿为马”了。

南汉铸“飞龙进宝”钱是其六。南汉刘岩（公元889—942年）在位时曾三次改元，分别为“乾亨”“白龙”“大有”三个年号。据泉史学家称，南汉高祖刘岩将乹亨九年改为白龙元年，并更改其名字为“龑”（龚），并冠之以此字为其首创。但考据《古今姓氏辩证》一书，就不难发现，我国古代就有“共”氏一族，只因在战国末期为避难，将“共”字加上“龙”字改为“龚”字的记述，说明此字早已有，而非刘岩独创，之所以要冠以“首创”效应，也可能是要提升刘岩的知名度，使“飞龙进宝”钱更具价值性。但不管怎么说，泉界普遍认为，“飞龙进宝”钱是刘岩改名（公元841年）时为表示庆贺，特铸的庆典钱这一共识未变，钱文乃取《易经》“飞龙在天”之意，有自我标榜“人事合于正道，自然吉利”的“明君”嫌疑，此钱有光背和背龙凤纹两种版式，均属非常珍稀难得之品。

燕王铸“永安”“应圣元宝”钱是其七。燕王所铸“永安一十”“永安一百”“永安五百”“永安一千”等铜铁钱，铜少铁多，其中“永安一百”和“永安一千”铁钱多见，而“永安一十”和“永安五百”钱少见，铜钱大多为母钱，更少见，因无历史记载，且随着刘氏政权垮台而销声匿迹，为古泉五十名珍之一，现中国历史博物馆有藏。当前市面上多为伪铸，“永安五百”钱与常见钱文版式有别，按钱文格式读写，此钱应为“五百永安”，“五百”取上下直读，“永安”取横读。刘守光杀父后自称“大燕皇帝”，改元应天，铸有“应天元宝（背万）”“顺天元宝（背千）”“乾圣元宝（背百）”及“应圣元宝（背拾）”等流通货币，因大燕存世仅三年（公元911年—913年），加之“应圣元宝”为试铸币钱，系孤品。目前，应天、乾圣、应圣三品套子钱存世仅各一枚，均流入日本，初入门者切不可把“以假乱真”的伪币来当泉藏。

北宋钱币多“第一”

北宋王朝（公元960—1127年）是我国古代历史上经济和文化最发达的时期，也是铸币最发达的时期。特别是年号钱的兴盛，除宋真宗改元以后仅几十天便驾崩，未来得及铸新钱外，几乎每个皇帝每改一次年号都要铸一种新的年号钱，因此，宋代钱币不论在数量上还是质量上都远超前人，其钱币种类、版别之多，居历代之首，创造了多个历史新记录。

纸币历史第一钱——北宋会子

当今世界的货币流通体系中，主要以纸币为主，而纸币行用的鼻祖又在哪里？在中国宋代。纸币可以说是我国古代继“四大发明”之后，对人类文明进步产生重要影响的“第五大发明”，比后期欧洲最早出现的“瑞典纸币”领先了666年，创造了纸币的世界之最。

据清代《续通典·食货》记载："会子"最早出现在北宋仁宗天圣元年(公元1023年)，初始发明人为四川益州（今成都）知府张咏首创官方纸币并行用。为何在铜币一统天下近两千年之后的宋代会出现纸币呢？这是因为宋朝初期币制较为混乱，当时四川官铸的铁钱因体积大、币值小，携带很不方便，按照当时的币值换算成重量来计算，官铸大铁钱每千文钱重约25斤，中等铁钱每千文钱重约13斤，按当时一匹罗的行市价格为2万文钱计算，买一匹罗需用大铁钱500斤，需用中铁钱也达260斤，单凭一个人是扛不动的，只能用车载，交易起来很不方便。这在《宋朝事实》中就有明确的文字记载："川界用钱，小钱每十贯重六十五斤，折大钱一贯，重十二斤，街市买卖，至三、五贯文，即难以携带"。可见四川"物轻钱重"是有史实依据的。对此，民间商贾私下里曾联合益州的16家富商，共同推出了一种便于相互交换的纸质代币协议凭据，即不用铁钱进行买卖交易，而是大家相交之间以自己发行的凭据来进行等值交换，相当于现今常用的现金支票。为防止局外人私自偷印，他们还在凭据上用版画图案与做记（相当于密码）来进行防伪，并采用钢版三色套印的办法加以固定制式，相当于后期晋商使用的"票号"一样，在使用过程中，根据交易量的大小，临时填写面额数量，而后再加盖商号的印章，就可以凭此票到商会里去兑现铁钱。同时，商会也要从中收取每贯30文钱的手续费用。由此，我们也可以从中发现，此时的成都商会已不仅仅是只作平抑市价、实行公平交易的民间组织了，而是具备了现代商业银行雏形的功能，但这并不为官方所认同，仅仅是一种民间的私下交换行式。初始时，常因发起人破产而不能兑现，从而引发出一系列诉讼纠纷，扰得官府也很头疼，但考虑到这种形式确实很方便行用，携带和运输也很便捷，也越来越被商贾们所认可。于是，时任益州知府的张咏下令，禁止私人印制发行，采取官府统一形制的格式，改私印为官印，将这种商票取名为“会子”，也就是“用来当钱进行行市交易会用的这个东西”。在使用上也作了明确的规定，改进了以往个人随身带墨填写的办法，采用固定的币值（初为面值“五贯”和“十贯”两种，后来因流通受限，又改为“一贯”和“五百文”两种）作统一规范，大大方便了行用和流通，所持有者每年只须向官府交纳一定费税，并可随时到官府去兑现钱。为防止民间私印或偷印泛滥，张咏又作了进一步改进，规定每两年改换一次“会子”样式，期满后的“会子”回收作废，从而奠定了“会子”作为官方通行货币的地位。通过这一创新和改革，不仅便利了行用，还促进了当地的商业往来和发展，也弥补了当地现钱行用中的诸多弊端，为后世纸币的出现，提供了有益借鉴。

钱文御书第一人——宋太宗赵光义

宋太宗赵光义（公元976--997年）为北宋第二位皇帝，原名赵匡义，因避其兄赵匡胤的名讳而改名赵光义。在使用第四个年号“淳化”（公元990年）时，始铸了“淳化元宝”钱。其钱文有楷、行、草三种文体，皆为本人亲笔手书，从而首开了御书钱文的先例，同时，因草书体第一次用于钱文，也开创了钱文使用草书的先例。宋太宗在位21年间共铸有“太平通宝”“淳化元宝”和“至道元宝”共三种年号钱。其中，“太平通宝”铜钱铸于太平兴国年间（公元976--984年），钱文为楷书兼八分隶，但出自谁手，已无据可考，却是宋代第一种年号钱。在宋代铸钱中，大都会有铜、铁钱同时出现的现象，这是历史事实不可否认，但太宗皇帝年间中央铸造处却并没有铸过铁质钱，只有铜钱面世，而铁质钱“太平通宝”钱则为太平兴国八年的建州（即今福建建瓯市）地方官铸钱，由于受地域和铸量的影响，目前存世极少见。“淳化元宝”铜、铁钱较普遍，初铸的缩水钱即隶书体和金质宫钱则罕见。“至道元宝”有铜、铁钱，背“星”和“合背”钱则不多见。赵光义首开御书钱史堪比当年欧阳询手书唐“开元通宝”钱一样，名垂青史，曾有诗为赞：“宋皇字体纪淳元，唐臣词翰征开元”。

北宋首出三体对钱——“淳化元宝”钱

所谓“对钱”，是指钱文相同而书体不同、可以成双配对的钱币，又称“对子钱”“对文钱”或“对书钱”。自从五代十国时期的 南唐首现“开元通宝”篆、隶两种书体的对子钱之后，对子钱在北宋时期达到了顶峰，尤其是到了宋仁宗天圣年间，钱文配对的风气达到鼎盛，每次改元必铸对钱。对钱的出现，一改过去钱文单一枯燥现象，使钱币外表有对称、匀称、和谐的美感，别具一格，可以说是当年文化繁荣的象征。在宋代除少部分钱未出对钱外，大都数都出过对钱，泉界对宋钱也素有“无钱不成对”之说。从广义上讲，对钱又大至可分为两种：一种是钱文书体不相同的对钱。如五代十国时期南唐“开元通宝”隶、篆钱、西夏“光定元宝”楷、篆钱、大金时期“阜昌重宝”楷、篆钱，这些钱也称“真对钱”，钱文和读法相一致。另一种是钱文文字不相同或读法不一致的对子钱。如西夏大安年间（公元 1075—1085 年）用西夏文铸的“大安宝钱”和用汉文铸的“大安通宝”钱、元朝世祖至元二十二年（公元 1285 年）铸的“至元通宝”汉文楷书小平钱和八思巴文（俗称蒙文）钱、清太祖天聪元年铸的满文“天聪汗钱”和汉文“天聪通宝”钱，又如元朝世祖铸的“中统元宝”隶、篆钱（直读和旋读），这些钱也可称之为对钱，或称“假对钱”。 北宋时期的“真对钱”首现于宋仁宗铸的“天圣元宝”楷、篆对钱，在宋徽宗时期又形成一个对钱高峰，除崇宁、大观两种钱没有出对钱外，圣宋、政和、重和、宣和等钱币都是以两种文体成双成对来配对的，其品种之多、质量之精、书法之美，堪称空前绝后。

宋代　天圣元宝（篆体）

宋代　天圣元宝（隶体）

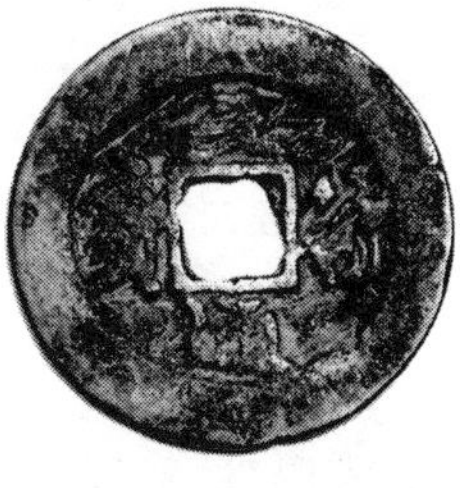

宋代　元符通宝（行体）

宋代　元符通宝（篆体）

但双文对钱毕竟不为宋代首创，真正由北宋首创的对钱则为“三体对钱”（简称三体钱），即用三种书体书写的大小相同的同文钱。“三体钱”首现于北宋太宗淳化年间铸的“淳化元宝”楷、行、草钱，皆为皇帝亲笔御书。除此之外，北宋三体钱还有“至道元宝”（楷、行、草）钱、“熙宁元宝”（篆、隶、楷）钱、“元丰通宝”（篆、隶、行）钱、“元符通宝”（篆、隶、楷）钱，“圣宋元宝”（篆、隶、行）钱、“政和通宝”（篆、隶、楷）、“宣和元宝”（篆、隶、楷）钱，后南宋也有“建炎通宝”（篆、隶、楷）钱、“淳熙元宝”（篆、隶、楷）钱。直到南宋绍兴三十二年（公元1131年）以后，铸造对文钱的风气才逐渐减弱，到淳熙七年（公元1180年）已停止铸对钱。

铸钱种类他最多——北宋仁宗

北宋仁宗赵祯（公元1023--1063年）为宋代第四位皇帝，在位40年，曾先后9次改元，并铸有“天圣元宝”“明道元宝”“景祐元宝”“皇宋通宝”“康定元宝”“庆历重宝”“至和元宝、通宝和重宝”“嘉祐元宝、通宝”钱等8种年号钱。其第四个年号“宝元”虽未铸年号钱，却铸了宋代第二个国号钱“皇宋通宝”钱（铸于宝元二年，公元1039年），第一国号钱为宋太祖建隆元年所铸的“宋元通宝”钱（公元951年）。

“天圣元宝”和“明道元宝”的由来，据说还有一段鲜为人知的秘密。据宋史载：公元1022年宋真宗驾崩时，遗诏由皇太子赵祯即位，即仁宗。赵祯时年13岁，还不懂政事，便由明肃皇太后垂帘听政。取年号“天圣”元年，铸有年号钱楷、篆两种书体。民间则将“天”字拆作“二人圣”来嘲讽朝廷当权者，意思为“两个圣人共同执政，合为一天子”。但是楷书“天”字又带八分隶，形似“夭”字，又有“女人当道乱政，夭圣压过天圣”一说，而“天”字的大篆写法又形似“灭”字，于是世人借用此意来指责天圣十年六月（公元 1032 年）“朝廷大火，延烧八殿”的惨剧，讽刺明肃皇后逆天作孽而遭“天谴”的报应，从侧面也反映出明肃皇后当政的不得人心。这场大火过后，仁宗也于当年十一月将“天圣”年号改成了“明道”年号，新铸“明道元宝”钱。由于皇太后仍不还政于仁宗，民间又借此释意此钱“明”字的左旁小“日”字代表小皇帝，而大“月”字则代表皇太后左右天下的事实。北宋仁宗一生共铸了 98 种版别的钱，创北宋历史的铸钱新高。

宋代　天圣元宝（篆体）的“天”字放大图

宋代　明道元宝（行体）

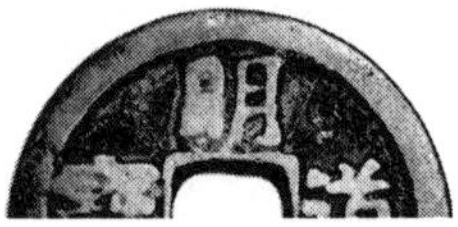

宋代　明道元宝（行体）的“明”字放大图

北宋皇帝最忌讳的钱——“康定元宝”钱

“康定元宝”为北宋仁宗的第五个年号钱，于康定元年（公元 1040 年）铸，没有铜钱流传于世上，仅发现小平铁钱。据《宋史・食货志》记载，仁宗还曾铸有当十大铁钱，但未见流传。此钱钱文为隶书体，因康定年号仅用一年后并停止，故“康定元宝”钱存世量甚少，历来为泉家所珍爱。目前，市面上流传的“康定元宝”铜钱或通宝铜钱，都是伪作赝品。

“康定年号”的出现和短命据说与第一次“宋夏战争”有关。北宋仁宗景祐五年（公元 1038 年），宋朝的藩属国——党项政权首领李元昊脱宋自立，自称皇帝，去宋封号，改元“天授礼法延祚”，建国号“大夏”，史称“西夏”。仁宗明道二年（公元 1039 年），西夏景宗李元昊告知宋政府，希望他们承认这一事实。可是宋朝大多数官员主张立刻出兵讨伐西夏，兴师问罪。于是，宋仁宗于当年六月下诏削去李元昊所封官爵，并悬赏捉拿。当时，西夏兴兵大举攻宋边境，朝廷倾全力支持边境战事，希望很快能平定，以保大宋康定安宁，于是与次年二月改元“康定”，但不想战事久拖不决，由于前方战局不利，有人提出与取“康定”年号有关系，这个年号听起来像是皇帝的谥号，很不吉利。宋仁宗听罢觉得言之有理，便于次年十一月，再次改元“庆历”年号，改元后不久，即庆历二年，宋夏双方便达成了和平协议，史称“庆历和议”，这次平等和议换得了宋夏将近半个世纪的和平。因此，“康定”这个年号皇帝十分忌讳，使用不到一年即止，而庆历则使用了 8 年之久。

北宋改革第一钱——“庆历重宝”钱

“庆历重宝”钱为仁宗庆历五年（公元 1045 年）铸的当十铜钱，有直读，旋读两种，还有铁质小平钱（铁质钱稀少，比较珍贵）。据说“庆历重宝”钱的诞生与“庆历新政”的改革有很大关系。庆历三年（公元 1043 年）八月宋仁宗任用范仲淹、富弼、韩琦等名臣为相，执掌朝纲，范仲淹等上书朝廷，要求对吏治进行改革，仁宗皇帝也想借此改革，实现富国强兵的目标，但是范仲淹所提的改革方案，有相当一部分内容触及到了宋王朝由来已久的士大夫阶层的根本利益，如果照此具办，必将遭到皇亲贵族的坚决反对，反而不利于政权的稳固，宋仁宗以稳定大局为重，在政体改革上仍坚持走因循守旧的老路，只采纳了部分对经济发展有益的建议，以此推动当时社会经济的发展，从而达到了宋朝建国以来最繁荣的时期。不过，这次范仲淹的改革并没有达到预期的改革初衷，总体以失败而告终。但此次为时一年多的短暂改革，确实对经济发展发挥了作用，由于经济的繁荣带动了商业和贸易的发展，当时所行用的小钱已不能适应经济发展突飞猛进的需要，发行大钱势在必行，也有利于商业繁荣，因此，“庆历重宝”大钱便应运而生。

宋代　庆历重宝

“国朝官印”第一钱——“皇宋通宝（九叠篆）”钱

“皇宋通宝”钱系宋仁宗宝元二年至皇祐末年（公元 1039 年—公元 1053 年）所铸的国号钱，有篆书、楷书两种常见的光背小平、折二对钱，也有铁钱出现，由于铸量大，一般市面上都能常见。但在该钱篆书体中还有一种非常特别的“九叠篆”钱，极其罕见，为古泉大珍。

九叠篆又称上方大篆，是一种非常特别的篆书，是以小篆为基础，笔画反复折叠，盘旋屈曲，点画皆有纵横两个方向，填满空白部分，以讲究书体的匀称，并且每一个字的折叠多少，则视笔画的繁简确定，有五叠、六叠、七叠、八叠、九叠、十叠之分，由于“九”数为极，故统称“九叠”，主要是形容字体变化的折叠之多而已。“九叠篆”书体原本是一种多用于官印上面的书体，也俗称“国朝官印”字体，盛行于宋、元、明时代，并一直延续至今，也就是我们现在经常所见的那种不容易看懂的满口印章。而将“九叠篆”用于钱文，在我国古代数千种钱币中，宋仁宗确为首创，而且仅此“皇宋通宝”钱为孤例，但该钱铸量并不多，为“置样”或“开炉”钱，不像其他皇宋钱那样用于流通。因此，此钱既有“国朝官印”钱之美誉，又是难得一见的珍品美钱。

宋代寿命最短的钱——“重和通宝”钱

宋徽宗自公元 1101 年登基至 1125 年退位，在位 24 年，共铸了“建国”“圣宋”“崇宁”“大观”“政和”“重和”“宣和”等 7 种年号钱。在这些年号钱中，“重和”年号使用最短，只有三个月，因此，“重和通宝”钱也成为北宋历史上寿命最短的钱，其珍罕显而易见。

宋代　政和通宝（隶体）

“重和”年号在北宋历史上有不寻常的经历，也表明了“重和通宝”不寻常的价值。据史载：宋徽宗“政和”（公元 1111 年——

宋代　政和通宝（行体）

宋代　政和通宝（篆体）

1117 年）年间，朝政大权操纵在蔡京、童贯等奸臣手里，他们结党营私，荼毒生灵。宋徽宗在奸臣的唆使下，不仅对劳动人民进行残酷的政治压迫和经济剥削，还在江南搜刮奇花异石和金银财富，用“花石纲”名目作为朝贡用品，不断运往京城。在河北、山东等地形成了以宋江等人领导的农民起义队伍，声势浩大，以水泊梁山为基地，纵横数十郡，宋军多次围剿均以失败告终。在《水浒传》第十五回中，大家所熟悉的“杨志押送金银担，吴用智取生辰纲”，其中的“生辰纲”就是与“花石纲”大意相仿的朝贡之品。宋徽宗当初起“政和”年号本是取“政通仁和”之意，但未曾想在位期间天下并不太平，先是北方金国袭扰边境战事连连不断，而后内部农民起义又起，眼看“政和”不和，遂于政和八年（公元 1118 年）十一月改“政和”为“重和”，希望天下能重新和睦，但由于宋徽宗对人民的搜刮并未停止，起义军不断壮大，活动范围已扩大到京师附近，对宋王朝政局构成了重大威胁，“重和”实际上是“重”而“不和”，于是不得不于次年 2 月又改“重和”为“宣和”，以“宣示天下，和则一统”，可行动上仍加紧对农民起义军进行武力镇压，由此可见，“重和”钱时间虽短，却是北宋王朝灭亡的前兆。

"熙宁"钱小坑百姓

北宋神宗赵顼熙宁年间（公元1068—1077年）曾铸"熙宁元宝、重宝和通宝"铜、铁钱。元宝钱为小平钱，有楷、篆、行、隶四种书体，重宝钱系折二钱，有大小之分，钱文有楷、篆、隶三种文体，通宝钱为折三铁钱，兼有小平钱，钱文楷书。这几种钱不仅版别复杂，达20余种，铸量也大，从侧面也反映了当时的币制混乱，是助推通货膨涨的祸首，常遭百姓深恶痛绝。那么，此钱为何有"最坑老百姓"之说呢？这与历史上著名的"熙宁变法"有关。

宋代　熙宁元宝（楷体）

王安石其人其事大多数人都不陌生，他作为北宋时期的一朝宰相，以变法而扬名天下，史称“王安石变法”或称“熙宁变法”。

王安石变法是在熙宁年间进行的一次全方位改革。起因是北宋中期，土地兼并剧烈，社会阶级矛盾尖锐，国家出现了严重的财政危机，军队战斗力低下，尤其是在与辽、西夏的战争中，宋军连年败北，国家积贫积弱的局面已经到了危机关头。

宋代　熙宁元宝（隶体）

治平四年（公元 1067 年）正月，宋英宗病逝，宋神宗赵顼即位，他是一个富有理想和进取心的好皇帝，即位后一直想实现富国强兵的伟大抱负。熙宁元年（公元 1068 年）四月，他召“负天下大名三十余年”的王安石入京做事，于次年二月正式任命王安石为参知政事（副宰相）负责变法事宜。王安石明确提出“疏理财政，增加收入”的变法理念，作为破解危局的头等大事来抓，主张只有在发展生产的基础上，才能解决好国家财政紧缺的问题，也是变法改革的当务之急。在他的倡导下，先后制定了诸如《青苗》《免役》《均输》《市场》《农田》《水利》等一系列新法令，以推动社会经济的发展，同时，推行《保甲法》和《将兵法》，以提高军队素质和战斗力。

宋代　熙宁元宝（篆体）

从理论上讲，王安石的这些变法措施确实是符合实际的治国安邦良策，也符合他个人“先天下之忧而忧，后天下之乐而乐”的一贯思想，并将这一思想贯穿于变法改革的实践之中。如熙宁二年（公元 1069 年）九月颁布的《青苗法》中就规定：以各路常平、广惠仓所积存的钱谷为本，其存粮遇粮价贵时，以比市价略低的价格出售，来平抑市场价格，有利于百姓生活；遇有价格低于平常市价时，就以市价收购，所产生的利钱，按自愿原则，由政府每年分两期向农民贷款，待收成后，随夏、秋两税，加息十分之二或十分之三归还谷物或现钱，使得农民在青黄不接之时，不至因受高利贷的盘剥，而变得越来越穷。又如，熙宁三年十二月颁布的《募役法》（又称“免役法”）中规定：废除原来按户等轮流充当州县差役的办法，改由州县官府自行出钱雇人来替政府做事，把农民从劳役中解脱出来，以保证劳动生产不受影响，从而进一步增加政府的财政收入。同年，又推行《裁兵法》和《将兵法》。《裁兵法》中规定：士兵五十岁后必须退役；对拱卫京师的禁军要每年进行两次测试，对测试不合格的改为厢军；在厢军期间测试不合格的，要改为平民。以此法杜绝贪生怕死，只吃皇粮而不能打仗的劣兵。在《将兵法》中规定：把各路的驻军分为若干个作战单位，每个作战单位安排“将”与“副将”各一人，专门负责操练军队，随时受命调遣，以提高军队素质。此外，在关乎民生方面，也积极推行税赋改革，以减轻民众的负担。如熙宁四年八月制定的《方田均税条约》，意在省劳费、去重敛，减少人民的负担。为繁荣市场，促进商贸业发展，于熙宁五年三月，颁布了《市易法》。由政府出资一百万贯，在开封设“市易务”（市易司），在平价时收购商贩滞销的货物，等到市场缺货的时候再卖出去。同时，向商贩发放贷款，每年交纳二分利息的办法，用以达到“通有无、权贵贱，平物价之功，以期达到抑兼并也”，从而增加了财政收入。

宋代　熙宁元宝
（篆体大字）

宋代　熙宁重宝

由此可见，王安石在任期间所推行的一系列变法改革，成果有目共睹，对于增加国家财政收入，有着积极的作用，军事实力明显得到了加强，北宋积贫积弱的局面得以缓解。在与西夏的交战中，最终取得了“熙河之役”的胜利，收复5州，拓地2000余里，受抚羌族30万帐，这在宋夏交战的历史上也是罕见难得的胜利。

尽管王安石的变法是有益之举，但文人治政的弊端也同时在变法实施过程中暴露无疑。用我们现代的眼光来审视，应该说王安石“不加赋而国用足”的经济理论无疑具有相当的前瞻性，是理想社会共同富裕的最终目标。可惜的是王安石毕竟生不逢时，个人的“理想主义”认识观，完全超越了自己所处的封建时代。尤其是封建贵族、士大夫和地主阶级与农民之间剥削和被剥削的生产关系，并没有彻底解决好，反而有悖于时代背景，使得理想变法很不切实际，从一开全始就走进了“怪圈”。特别是《方田均税条约》（所谓“方田”是每年九月由县长举办土地丈量，按土地肥瘠定为五等（所谓“均税”是以“方田”丈量的结果为依据，制定税数，以清理出豪强地主隐瞒的土地，以强征税收的办法，来增加国家财政收入，减轻农民负担）实施以来，严重损害了大官僚大地主阶级的利益，自然遭到保守派的有力反击，处处受阻或有所取舍地变通实施，财税虽有增收，但没有消弱豪强地主的利益，反而增加了农民的负担。再有，《青苗法》在实施过程中也不是一帆风顺，出现了个别地方官吏为了各自利益强行给百姓借贷的现象，严重违反了“个人自愿的原则”，使百姓反而变得贫困交加，这些都是王安石推行理想变法后所始料不及的，反而成了反对派攻击的口舌。

其中，代表大地主官僚利益的司马光就是坚决反对者之一。他多次写信给王安石，列举实施新法以来侵官、生事、征利、拒谏、致怨等诸多弊端，要求王安石废弃新法，恢复旧制。王安石则写了历史上著名的《答司马谏议书》予以回击：“如君实责我以在位久，未能助上大有为，以膏泽斯民，则某知罪矣，如曰今日当一切不事事，守前所为而已，则非某之所敢知”。后来两人彻底绝裂，从而引发了朝廷内部的党争之祸。俗话说，两虎相争，必有恶果。改革派王安石虽在任，但已让神宗皇帝深感压力不轻，而司马光也在皇帝面前得不到重用，自请离京，改任西京御史台，自此隐居洛阳 15 年不问政事，专心主持编撰了长达294卷（约300万字）的编年体史书《资治通鉴》。

最终让宋神宗动摇变法改革意志的导火索是，熙宁六年至七年（公元1074年）的中原大旱事件。当时担任监安上门、光州司法参军的郑侠上书宋神宗说："从去年以来，蝗灾大作，秋冬二季均无雨干旱，致使麦苗干枯而死，粟、麻等农作物无法播种，民情汹汹，老百姓不得不四处逃亡，而官府却大肆聚敛钱财，全然不顾百姓的死活。而北方的辽国又趁机落井下石，屡屡派使者要求宋朝割让领土。这些现象都是执政大臣多行不义而造成的"。他一再告诫皇上，旱灾是人祸造成的，王安石为罪魁祸首。为了证明自己的观点并非杜撰，还特意将民间百姓卖儿卖女、典当妻子、拆毁房屋、砍伐桑柘等悲惨的景象画成了一幅《流民图》呈送皇上。宋神宗大受刺激，他理想中的变法，原本也是想为老百姓安居乐业作点贡献，但看到的画中百姓流离失所的惨状，使他对王安石的变法措施产生了怀疑。第二天，宋神宗就下令暂时罢免青苗、免役、方田、保甲等十八项法令，这一举动无疑是对王安石施行新法的否定。恰在此时，司马光又借机上书《应诏言朝廷阙失状》一文，再次从中作梗，加剧了王安石的倒台。同年四月，王安石第一次被罢相，降任江宁府（今江苏南京）知府，变法运动由韩绛、吕惠卿等人继续执行，但吕惠卿私心自用，借变法之名，中饱私囊，更引起朝中大臣的不满，王安石被贬十个月后，又被重新诏回京师复职，继续执行变法，而此时的宋神宗对改革已经不如以前那么积极了，王安石感到处处受难也逐渐变得心恢意冷，加之此时王安石的爱子突然病逝，于是在熙宁九年（公元1076年）十月第二次罢相，带着壮志未酬的遗憾离开了京城，从此退居金陵，潜心于研究学问，再也不过问政事了。

宋神宗死后，司马光出任宋哲宗时期的宰相，彻底废除新法，连很有成效的《募役法》也被废除。司马光政治上的短见，或许是推波宋王朝走向衰落的起始，但其专修的《资治通鉴》反而功盖一世，成为一部伟大的不朽之作。

故事说到这里，也许大家会问，王安石变法与司马光之争，对熙宁钱坑老百姓又有什么因果关系，是不是我在哗众取宠？其实不然。熙宁钱小坑害百姓之事，确与变法关系极大。前面我说过，王安石变法的核心思想是以“因天下之力，以生天下之财，取天下之财，以供天下之费”的原则，这与西汉武帝时期桑弘羊的赋税思想如出一辙，也是以国家垄断经营的方式，来与民间争利。我个人来看，当时争利的方式有两种，一种是实物掠夺，就像辽、金、西夏时期的游牧民族一样，大多采取对中原边境的武力骚扰形式，强抢百姓的财物；另一种则是朝廷在财税上大做手脚，以发行大量货币来巧取豪夺。显然，王安石变法所采取的是后一种方式，那就是多发钱和发大钱。据史载，宋神宗时全国年铸币量达 506 万贯（唐朝最盛的开元盛世时期年铸币量仅 32 万贯），而北宋时期的一贯钱相当于 770 文，年铸 606 万贯即相当于 390 亿枚小平钱，然面，京师开封当时的米价仅为 400 文一石，一石约 100 市斤。从这个实例换算就不难发现，朝廷大量发行的货币已经远远大于了社会的购买力，币烂失重的恶果，必然要造成更为严重的通货膨胀，而通胀的结果只能是政府从中获得巨大经济利益，老百姓却倒了大霉。

由此可见，发大钱（如熙宁重宝和通宝铜、铁大钱）所造成的是物不等值，是在背向盘剥百姓和商人的利益。正如《市易法》中规定：向商贩发放贷款，每年交纳二分利息。用现代换算法来讲，也就是说要从中扣除百分之二十的利率，足见贷款的成本之高，商人所赚的钱，大部分要用去支付利息，个人所得仅是一小部分。从这个简单的事例我们不难看出，当时朝廷吸纳民间资本有多么严重。据当时官方统计数据来看，熙宁十年（公元 1077 年）宋神宗的国库收入为 7070 万贯，最高达到 1.6 亿贯。若按当时的米价换算成今天的人民币，即一石米 400 文，按现在市场普通米价 2.50 元／斤估算，400 文就相当于现今人民币 250 元，即 1 文钱相当于人民币 0.625 元，那么一贯钱就相当于现在的 481.25 元。以此推算，熙宁十年国库收入为 7070 万贯来计算，就相当于人民币 340.24 亿元。这个数字在今天看来也大得惊人，可想而知，这么多财政收入从哪里来？既然不可能通过发动战争从别国来掠夺，就只能从老百姓手里去“抢”。那幅《流民图》应该说是当时最真实的社会惨状写照，也由此可见，当时老百姓和商人手里拿着那么多“熙宁”钱，还不如一堆臭狗屎，怎能不对变法深恶痛绝？所以说，熙宁钱是最坑老百姓的北宋钱，一点也不过分。

名人书法入宋钱

宋代是铸钱种类最多的历史朝代，也是名人书法最耀眼的时期，这一时期以苏轼、黄庭坚、米芾、蔡襄成就最高，被称为“北宋四大家”。另外，宋徽宗取众人所长独创的“瘦金书体”也别具一格，具有强烈的个性色彩，而这些优秀的书法艺术被用在钱文书体上，更使得宋钱蓬筚生辉。

首开名人书法入钱文的是唐代书法家欧阳询，武德开元通宝钱也是唐代唯一的名人书法钱，可到了宋代，名人书法入钱的现象就不是再是个例了，超出了历朝历代。

宋代　淳化元宝（草体）

首先是宋太宗的御笔草书入钱。宋太宗赵光义不仅与其兄是北宋王朝的开国建立者，也是一

宋代　淳化元宝（行体）

位很有才气的皇帝书法家，朱长文说宋太宗“常善篆、隶、草、行、飞白、八分，而草书冠绝”。其亲笔御书的“淳化元宝”和“至道元宝”钱，被收藏家评价为“铁画银钩，直如曲铁，神态自足”，首开皇帝御书钱文之先河，前面已经作了介绍，不再重复。

其二是宋真宗的御笔楷书入钱。宋真宗赵恒（公元998--1022年）是太宗皇的第三子，或许是受子承父业的影响，他也是一位很有才气和影响力的皇帝书法家，他的楷书清新、俊逸、自然，运笔平正，点画厚重，遒劲而不失清秀。曾亲笔御书的“咸平元宝”（公元998年）、“景德元宝”（公元1004年）、“祥符元宝”（公元1008年）、“天禧通宝”（公元1017年）四种钱，史评真宗钱文独特精妙，形意兼得，儒风雅韵，尽脱凡俗。据说现今湖南长沙湘江西岸的“岳麓书院”的匾额就是宋真宗的亲笔御书。我们耳闻熟知的著名的谚语：“书中自有黄金屋，书中自有颜如玉，书中自有千株栗，书中车马多如簇。”（《励学篇》），就是出自这位多才多艺的皇帝之口。

其三是苏东坡的书行、司马光的篆书入钱。宋神宗赵顼（公元1068--1085年）铸有熙宁、元丰两种年号钱。据《中国历代货币》书中载，元丰钱版别很多，书法水平很高，行书体娟秀媚丽，隶书钱文笔画雄浑流畅，挺秀遒劲凛然，相传为苏轼笔迹，通称“东坡元丰”。不过，泉界对此也存争议，认为苏东坡当时因“乌台诗案”而入狱，不可能有机会写此钱文。从目前元丰隶书钱币存世极少的现象来看，也有学者认为，苏东坡书写此钱文应该是在元丰元年，次年得罪名被捕下狱，这期间相隔了一年多时间，才导致此币后来停铸并销毁，所以存世难得一见。我个人认为，此钱即使不是苏东坡亲笔手书，从钱文字

宋代　元丰通宝（篆体）

宋代　元丰通宝（行体）

宋代　元丰通宝（隶体）

间风格来看，也非常人所写，必定也是一位很有名的书法家所写，只是名气不如苏东坡大，而被历史忽略罢了。

现被确认且有史书记载的苏东坡钱文，为宋哲宗赵煦元祐年间（公元 1086--1093 年）铸造的“元祐通宝”篆、行对钱，篆书体为司马光手书，而行书体则为苏东坡的手笔，其钱文书法苍劲豪放，态浓意淡，体势秀伟，骨劲肉丰，成为后人爱不释手的遗物。也许有人会问，司马光为宰相书写钱文尚可，苏东坡因罪被贬岂有机会写此钱文？这里值得多提一句，宋神宗元丰二年，苏东坡因反对王安石变法，被李定等人拿其诗文大做文章，苏东坡以“文字毁谤君相”的罪名而被捕下狱，坐牢百余天出狱，被降职为黄州团练副使，到元丰八年三月，司马光出任宰相后，又力荐苏东坡，才被召回朝廷重新启用，历任翰林学士、翰林侍读学士、礼部尚书等职，因此写此钱文既有机会，也有资格。

其四是宋徽宗的“瘦金体”书入钱。在宋代最具书法独创性的书法家当数第八位皇帝徽宗赵佶自创的“瘦金体”书，他书写的“崇宁通宝”“大观通宝”等钱文，劲瘦飘逸，是中国钱币史上的精美之作，最让人叫绝。赵佶其人，虽说政治昏庸，惑于道术，却是艺事超群，书画兼精。据史载：宋徽宗酷爱艺术，在位时将画家的地位提到在中国历史上最高的位置，成立翰林书画院，即当时的宫廷画院。以画作为科举升官的一种考试方法，每年以诗词做题目曾刺激出许多新的创意佳话。如题目为“山中藏古寺”，许多人画深山寺院飞檐，但得第一名的没有画任何房屋，只画了一个和尚在山溪挑水；另题“踏花归去马蹄香”，

宋代　元祐通宝（篆体）

获得第一名的人，没有画任何花卉，只画了一人骑马，有蝴蝶飞绕马蹄间，凡此等等。这些都极大地刺激了中国画意境的发展。在书法上，他学褚遂良、薛稷的瘦劲，然后再秉之以风神，出之以飘洒，在中国书法史上卓然自成一家，名之为“瘦金书”。徽宗以瘦金体御笔的这两种钱，留传至今保存完好，又易收集，为古钱币爱好者和书法爱好者所钟爱。

宋代　元祐通宝（行体）

其五是宋高宗的“宋体”书入钱。除宋徽宗赵佶独创的“瘦金体”书法外，宋代还有一位皇帝也有书法独创之作，这就是南宋高宗赵构（公元1131--1162年），“绍兴元宝”和“绍兴通宝”钱均为其亲书。绍兴年号钱铸于公元1158年，史书记载：为南宋高宗绍兴二十七年（公元1157年）五十一岁时所书。宋高宗赵构，人品卑下，重用奸佞，虽为后人所不耻，但其书法的确不俗，字体工整，笔画清晰，创造了一种被后人称为“宋体”的书法字体，这种字体风格肃静端庄，给后世留下较大影响。现在广泛用于印刷、绘图的仿宋体就是由此演变而来。宋高宗曾自称：“余自魏、晋以来以至六朝笔法，无不临摹，众体备于笔下，意简犹存取舍，至若禊帖，测之益深，拟之益严，以至成诵。”他整理收集宣和内府因战乱而散失的古代法帖名画，身体力行地提倡大众研习书法，著有《翰墨志》一卷。相传《顾恺之女史箴图题字》、《褚遂良倪宽赞》 等均为其所书。此外，这位皇帝还擅长行草，《三希堂法帖》就收录了他的作品，流传至今。

总之，用钱币展现书法或用书法装饰钱币，是我国古代一道独特的风景线，尤其是以宋代钱币上的名人汉字书法艺术，更是丰富多彩，更具观赏性，很值得藏友收录此钱来常玩味。

苦觅三年聚“重和”

宋代　重和通宝（隶体）

“重和通宝”钱在宋钱历史上素有“短命钱”之称，由于存世极短，仅三个月，且铸量少，想得一枚此钱已很难，而凑齐这套对钱，更是难上加难。我现在所藏的这对重和钱能够配对凑齐，还真有点故事情节，可以用“踏破铁鞋无觅处”和“得来全不费功夫”这两句诗文来概括。

在我的宋钱收藏册里，这对宋钱应该说是凑齐较晚的品种。玩收藏的人都有这样的心结，都希望所有缺项能在一夜之间统统收集齐全。本人也不例外，当时其他宋钱眼睁睁一天比一天丰满了起来，而一直想要的北宋钱中的三大珍品“建国通宝”“重和通宝”和“靖康通宝”就是迟迟难见踪影，既留有遗憾，

宋代　重和通宝（篆体）

也确实心存不甘。为此，每逢周末必逛币市，没少往北京报国寺古玩市场里跑，据说这里专以藏钱而著名，可跑了两年多，就是难见一面，每每都是乘兴而至，扫兴而归，直到五年前的一次江苏盐城之行，方才见到了梦寐以求的一枚“重和”珍品。

那年七月，朋友的孩子考上了大学，特意邀请前往庆贺。说实话，仅为此一聚而跑上一千多公里路程，的确有点远，可一想与朋友二十多年没见面了，借此机会相聚一下，也是情理之中的事。于是，在那个约定的周末，背起简易行囊出发了。

与朋友见上面，彼此一番客套寒暄后，我就直截了当地问，当地有没有古玩市场？朋友说，没有专一的古玩市场，只有一条文化街，在周末时有些古玩交易活动，只不过规模不大，假货奇多，不值得一看。据我了解，朋友在当地也是精明的生意人，他如此这番介绍，应该说是对那里是比较了解的，我完全可以打消前往的念头。更何况那天又赶上雷电交加，倾盆大雨，别说古玩市场里不见人影，就连一向熙熙攘攘的大街上，也不见几个行人。与朋友喝茶聊天闲坐了一上午，时间就消磨得差不多了，中午吃完饭后，朋友回家忙正事去了，我躺在宾馆床上怎么也午睡不着，心里总觉得有啥事没做一样，恰在此时一声惊雷巨响，房间里的电视机突然没了信号，变得一团黑，只好叫宾馆工作人员来维修。当服务员在忙着检修电视机时，我顺口又问了句，文化街离此有多远，服务员随口一答，不远，打车去几分钟就到。或许是受了服务员“离得近”的蛊惑，我突然萌生出想去转转的冲动，顾不上等服务员将电视维修好，提起手包就往外走，只可惜外面一直雷雨交加，路上一辆出租车也没有，正在宾馆门口着急之时，不曾想，另一位好朋友听说我来到当地，特意开车前来看我，我二话不说，钻进他车里就指挥他直奔文化街而去。

果不其然，这里的文化街并不大，所有店铺加起来也就二十来家，或许是阴天下雨的缘故，各店门前冷冷清清，转了几家都是些卖杂件的，好不容易看了几家有钱币藏货的铺子，里面的钱多不真不说，店主还一直忽悠个不停，希望我能带走几枚。对藏钱人来说，假货不可取，宁缺勿烂，但也不好直接揭穿他们的假面具。于是，我以有为由婉拒了。不过，我还是借看钱的机会，多问了一下，周边还有谁家有钱币，店家也没多想，用手向对面不远处一指，那边有一家，好像今天没开门。得此信息，我也不管三七二十一，冒雨穿过路去，那家店铺果然铁将军把门，锁得严实。幸亏店家在店门玻璃上贴有个手机号码，我不想放弃机会，于是主动打电话联系，对方正在酒馆吃饭，有点不想来，我像是求爷爷一样，总算央求对方答应过来一会儿，在足足等候了半个钟头之后，那位店主带着一脸酒气极不情愿地赶来开了门，听他说话的口气，好像正与朋友在一起喝酒，真不希望我在这个时候来打扰，我也不管他的埋怨和唠叨，将他从框底下翻出来的一袋钱币倒在桌上细细查看。这堆钱初看起来都不咋的，也就是些常见的宋钱和清钱普品，那位老兄看我翻了半天，也没见我说要还是不要，似乎有点着急，不耐烦地撵了我一句，别老看个没完，不想要走人，我那边朋友还等着呢。我已懒得答理他，只顾埋头看钱。突然，在不起眼的钱堆里有一枚篆文小平钱映入我眼帘，眼睛顿时一亮，那枚钱还真是我求之不得的“重和通宝”篆书钱。根据我个人的经验和钱制特征来看，此钱不应为假，是枚货真价实的“开门货”，心里暗自窃喜，我又赶紧挑出十多枚与之相仿的“政和通宝”“宣和通宝”钱来，拿在手里颠了颠问价钱，或许是店主真的着急了要走人，根本没多看一眼我手里拿的这些钱，只按正常市价说了个数，我习惯性地使出杀价的本领，推说这些普钱都不是很值钱，嫌老板要价太高，能不能少要点，对方更显得不耐烦，就一口价，不要关门。我装着被挨宰的样子，极不情愿地付了款。

当我拿着古钱一头钻进朋友车里后，我的脸上顿时露出了开心笑容，也不怕朋友见笑，把那枚重和钱看了又看，亲了又亲，忍不住道出了最为开心的一句笑骂：“真爽，遇上酒鬼比遇见老婆还亲！”

自从得了这枚古钱之后，心里又有了些许遗憾，毕竟这是一套对钱，仅有一枚篆书钱是值不得开心的，可还缺那枚隶书钱，这就好比破镜少了那一半难重圆。每当看到钱册里待补的那个“天窗”，心里就堵得慌，要是能把那枚古钱也能凑齐那该多好啊！带着这份向往，无形中又加足了我常去古玩市场转的冲动，可想要什么就是不来什么，这就好比一个失手的赌徒，总是点背。日子一晃又过去了三年多，在这三年里，我几乎把个北京、河北、天津、浙江、河南、内蒙古的大大小小古玩市场都跑了个遍，就是难觅此钱，这种失望一直延续到了两年前的秋后，终于有了结果。

那次因陪朋友去山西办事，按照以往的贯例，办完事就得打道回府，可翻开日历一看离周六仅差一天，出于爱逛古玩市场的习惯，我独自留了下来。头一天先在太原南宫古玩市场转了半天，也小捡了几枚古钱，而后又去了开化寺和大营盘古玩城转一圈，实在没啥看头了，就想买票走人。可转念又一想，既来之则安之，明天南宫市场还有一天开市，不妨再搭上半天功夫多看一眼，也就不白留此地落下遗憾了。

次日上午，我又来到了南宫，左看看右看看，大多摊位还是昨天见过的那些熟面孔，快到中午时分，感觉人也累了，也没啥看头了，正要走人，忽然看见一位老者正在一个不起眼的地方掏货摆地摊，我便凑过去问问有没有古钱币。听那位老者的口音，像是晋西南临汾或运城那边过来的人，而且从他那身打扮和随带的东西来看，不像是常在这里抄古玩的“专一户”，闲聊了两句方知，老人是秋后农活忙完了没事干，把平时在村里收来的一些古董，拿到南宫来碰碰运气，好变俩小钱花。就在我有一答没一答的闲聊间，我随手翻了翻他扔过来的一小串少得可怜的铜钱，这不看不要紧，差点没把我吓一跳，那十几枚面相不整的破钱里，居然夹杂着那枚我朝思暮想的“重和通宝”隶书钱，再仔细看了看，货色还真不错，我赶紧问价钱。老人似乎并不懂行，反问我能出多少钱，让我看着给，能把路费挣回去就可以。看着老者一脸诚实的样子，我不忍心蒙他老人家，于是，掏出身上仅有的五百元钱现金递到他手里，告诉他这串钱我全要了。老人顿时眼睛一亮，说这点小钱还这么值钱？那一脸的疑惑，反而不相信是真的。我自然不能道出实情，这也符合市场交易的规矩，只半真半假地对他说，玩收藏的人缺什么补什么，我有缺项才愿意出此钱，想要就不能计较钱多钱少。老人显然心里乐开了花，坦诚地对我露出了这些钱的底价，说他也只是十块八块钱收上来的，这回可嫌大发了，望着老人开心的样子，我也开心地笑了。

当我将这枚重和钱装进钱册空白处之后，那心里真有说不出的高兴，五年多来，踏破铁鞋难寻觅，没想到苦苦坚守着找不到不罢休的藏趣念头，居然得来全不费功夫，真是天助我也。

国号宋钱出有因

国号钱是指钱文以“国号”为名的通行货币钱。自春秋战国时起，至南明时期都曾出现过以国号为名的钱币，但在宋代（南北二宋），国号钱出现的频率较为集中，也带有标志性意义。

宋代　宋元通宝

北宋第一个国号钱是宋太祖赵匡胤于建隆元年（公元960年）铸造的“宋元通宝”钱。钱制样式沿用了“周元通宝”的规制，为小平钱，钱文顺读。该钱的意义是标志大宋王朝的正式开始，有开国纪念币加行用的双重定意。史载：宋太祖赵匡胤从小练得一身好武艺，长大后外出谋生，于公元948年遇到了当时正担任后汉枢密使的郭威，此人当时正领兵在河中（今山西永济县）平叛，于是他投到了郭威的旗下谋差，并屡立战功。公元 951 年，郭威称帝建立了后周政权，史称后周太祖。赵匡胤因深得皇帝信任，升任至禁卫军军官，又被身为太子的开封府尹柴荣（即后周世宗、郭威养子）赏识，又成了柴荣的部属。柴荣即位后，开始了想一统天下的南征北伐战争，赵匡胤紧随其后护驾保主，深得世宗的信任和重用，破格提升为禁军将领之一。世宗显德六年（公元 959 年，世宗在位未改年号，仍延用其养父的年号），周世宗北征燕云，不幸染上重病。临死前，世宗对最高军政人员进行了变更调动，赵匡胤升任宋州节度使、殿前都点检（禁卫军首领）。周世宗死后，其幼子柴宗训（恭帝）于显德六年（公元 959 年）继位，担心赵匡胤谋反，将其改任为归德军节度使，驻守宋州（今河南商丘南部）。次年正月初四，赵匡胤乘“主少国疑”之机，以“镇定二州”的名义，谎报契丹联合北汉大举南侵，恭帝十万火急命令赵匡胤率领禁军前往迎敌，在离京师几十里的陈桥驿，赵匡胤在亲信将领们的拥戴下发动了著名的“陈桥兵变”，代周称帝。因赵匡胤在兵变前时任宋州军政长官，因此就以“宋”为国号，史称北宋，改元建隆，并于当年始铸“宋元通宝”国号钱作为开国纪念。

南宋　大宋元宝（铁钱）

宋仁宗宝元二年（公元 1039 年）再次铸行了宋代第二个国号钱——“皇宗通宝”钱。宋仁宗有千古第一仁君的美誉，那个家喻户晓的《狸猫换太子》戏中的太子，就是说的这位皇帝。其在位四十二年期间，实行仁政宽容，让百姓休养生息，使宋朝达到一个发展的顶峰，即史称的“仁宗盛治”。宋仁宗在位期间共用了九个年号，其中八个年号都新铸了新年号钱，唯独“宝元”年号期间出了个国号钱，这是因为如果按年号来命名，新钱就应该取

南宋　大宋元宝

名为“宝元元宝”或“宝元通宝”，而在同一钱文上出现相同的字有些不妥，于是在与大臣们商议后，决定用“皇宋通宝”为钱文。据说取皇宋之意，也有表明天下为宋的意愿表达，即大宋掌管天下的皇帝只有一个，即仁宗。这是因为辽与宋达成“澶渊之盟”之后，各国都尊称大宋为兄长，而此前的宋藩属国党项政权首领李元昊却在宝元元年（公元 1038 年）脱宋自立，自称皇帝，建立了“大夏”政权，不再把宋皇帝当回事了。因此，宋仁宗取此钱名也有告诫天下的意思，皇宋乃独统天下的尊严不能乱变，也可以说为后来的宋夏战争埋下了伏笔。

南宋　皇宋元宝

宋代　皇宋通宝（楷体）

宋代　皇宋通宝（隶体）

宋代　皇宋通宝（篆体）

宋徽宗赵佶还铸有“圣宋元宝”国号钱。公元 1100 年宋哲宗突然病逝，因其无子，其弟赵佶被向太后宣旨入宫继位，是为徽宗，徽宗即位之初，国政大事由倾向于保守势力的向太后主持，导致党同伐异，政局不稳。徽宗为调和新旧两个党派之间的争斗，遂于同年十二月十日改元为“建中靖国”元年，建中之意为建立中正之道，靖国意为清除朋党，使国家安定，表示要继承父兄未竟之事业，励精图治。并铸“建国通宝”，俨然一副“中和立政”的样子。次年正月，向皇太后死，徽宗得以亲政，打着“绍述熙宁、元丰新政为名”的招牌，标榜崇尚“熙宁变法”之制，又改元为崇宁，于崇宁二年（公元 1103 年）铸“圣宋通宝”钱，以表明自己会像太祖一样圣明，但此君昏庸无度，不爱江山只爱丹青，并没有成就宋代明君的圣人之德，可以说铸“圣宋通宝”钱是对他个人政绩的极大讽刺，因此，此钱仅存世八个月便止，逐又改铸崇宁钱。

南宋历时 152 年，先后出现了 7 个皇帝，改了 19 次年号，铸了 18 种年号钱，同时也铸了“圣宋重宝”“大宋元宝、通宝” “皇宋元宝”等国号钱。

南宋宁宗赵扩历史评价并不太好，是个有德无才的皇帝，在位期间唯一做的件好事是在嘉泰四年（公元 1204 年）追封岳飞为鄂王，削去秦桧申王封爵，在这一点上称他为“圣宋皇帝”还马马虎虎，但在“抗金议和”和“庆元党禁”（清洗名人、罢斥朱熹理学）问题上，他又是一个昏庸皇帝，在位 30 年大事干不好，小事也干不了，为何也敢厚着脸皮出此“圣宋重宝”钱呢？其实宁宗还是要脸皮的，也不会在那个怕丢人的年份，出此不要脸面的钱来。该钱其实是利州（今四川）地方官府于嘉定元年（公元 1208 年）所铸的铁质当五国号钱。关于这枚钱的由来，本人也查阅了大量史料，但记载均少得可怜，只三言两语而概括之。不过，从宁宗在位到此钱出现这段期间，还是出了不少大事，甚至可以说是该钱出世的前奏。何以此言？且听我慢慢分解。

宋代　圣宋元宝
（宋大褂子）

在我看来，历史上凡铸大钱时期都是国库空虚，入不敷出的困难时期，需要用虚值大钱来弥补财政不足，这是没办法的办法。而利州自古就有“天府之国”的美誉，土地肥沃、物产丰富，按理说地方财政并不困难，即使是为了行用方便，当地也早有“会子”在变现流通，根本不需要出此大钱，而且还是铁质大钱，足以说明是相当困难，但是当地铸此钱却没有承袭和延用铸年号钱的惯例，而是出了个为皇帝“歌功颂德”的国号钱，显然有点不沦不类，难道是地方官吏学问不高，出了差错？不是。很可能是与“宋金议和”有关。据史载，在宁宗时期，

宋代　圣宋元宝（行体）

南宋与北方的金朝关系又变得紧张了起来，在准备不充分的情况下，南宋朝廷仓促与金朝不宣而战，开禧二年（公元 1206 年）五月，宋军分三路北伐金朝受挫，险些酿成亡国灭种的惨剧，被迫于次年末与大金国议和，签订了有辱国格的“嘉定和议”协议。此和议条款规定，宋尊金为伯，每年增加岁币朝贡白银三十万两、绢三十万匹、向金朝纳“犒军钱”三百万两，金朝归还南宋失地。这场战争打得虽不长，但南宋举国倾出，投入与反出的消耗如此巨大，别说国库变穷，就连地方政府也要跟着遭殃，利州再富也经不起朝廷这番瞎折腾，铸此钱一方面可能是地方官员对朝廷的“英明决策”表示赞同，能够官位自保，另一方面也是在向朝廷“哭穷”，负担太重，只能出大钱向民间搜刮。当然，利州倒底穷不穷，已无从考证，反正地方官吏出此招，比起朝廷的昏君来算是精明过人，可以说“圣宋重宝”钱是地方官吏巧使一举两得的讽刺钱。

南宋第二个铸国号钱的皇帝为理宗赵昀，于宝庆元年至三年（公元 1225-1227 年）铸“大宋元宝”国号钱（通宝当十大钱少）。此钱的出现其实就是权臣史弥远的一块“遮羞布”。何原于此？赵昀系南宋第五位皇帝，宋太祖赵匡胤之子赵德昭的九世孙，宋宁宗死后，赵昀被权臣史弥远和杨太后拥立为皇帝，是为宋理宗。宋理宗继位后的前十年，表面是杨太后在“垂帘听政”，而实权却操控在宰相史弥远手里，理宗就是个从不问政事的傀儡。在理宗继位的宝庆元年其实已经铸了“宝庆元宝”年号铁钱，按理说是可以不用再铸他钱，但史弥远等权臣把持朝政的丑闻早已上下皆知，为了表白自己是位忠臣，才借此又出国号纪念钱，以诏告天下，江山姓宋不姓史。因此说此

宋代　圣宋元宝（篆体）

钱是史弥远的一块“遮羞布”恰如其分。理宗在位期间真正属于自己铸的的国号钱为宝祐元年至六年（公元 1253—1258 年）的“皇宋元宝”国号钱。自史弥远死后（公元 1233 年死），宋理宗才开始亲政，在其亲政的二十年间，理宗亲政之初立志中兴，采取罢黜史党、亲擢台谏、澄清吏治、整顿财政等改革措施，史称“端平更化”。然而，好景不长，雄居北方的蒙古大军联合南宋灭金之后，窝阔台汗于端平二年（公元 1235 年）六月，以南宋违背盟约为由，决定大举灭宋未成。在蒙哥汗即位后的次年（公元 1252 年、即理宗淳祐十二年），再次举兵灭宋，次年理宗便改年号为宝祐（有苍天保祐之意），并铸“皇宋元宝”钱，与仁宗时期的“皇宋通宝”钱只一字之差，似乎有告之天下，将以先皇抗西夏的勇气和魄力来对付蒙古军队的入侵。该钱至宝祐六年（公元 1258 年），蒙哥战死合州（今重庆合州）钓鱼城被迫撤军后而止，从而换来了长达十年宋蒙无战事的平安来临。

宋代所铸国号钱虽不如其他钱丰，有的也只是昙花一现，但其钱币背后的历史却很值得玩味，尤其是对钱币收藏爱好者来说，更应该多从历史角度去认识和理解古钱币中所蕴涵的意义，这样收藏起每一枚钱币来，才更有意义和价值。

天津惜失南宋钱

南宋是金人灭北宋后，宋室皇族在江南地区建立的政权。南宋钱相比较北宋钱而言，因铸量不大，流通范围受限，在现今的江南以外地区都不常见，尤其是少数珍稀钱品，就连在当初出钱的杭甬地区也很难见到。因此，泉藏界有这样的共识，北宋钱易得，南宋钱难寻。现如今若能遇见一品稀有难得的南宋钱，一旦错过了机会想在别处弥补，简直是天方夜谭。在我的藏钱过程中，就曾有过这样一次痛悔莫及的事情发生过，现在想起来，也时常感到特别后悔和惋惜。

那还是早几年前五一节放长假期间，全家人一起去天津游玩，我利用老婆孩子逛商场的空档，特意跑到和平区沈阳道古玩市场转了一圈，虽然这个古玩市场地处偏僻，但早先就曾听圈里人说过，

“先有天津沈阳道，后有北京潘家园”，可见这里的名气之大。不过，这里仍以杂件为主，藏钱仍是偏门。整个市场从南到北走下来，有藏钱的摊位和店铺不到十来家，逛了多个铺子，也均以北方出品的钱种为多，南宋钱几乎没有。就在我即将带着失望欲离开的当儿，忽然路过一条东西向的叉路偏巷，两边也都挤满了十几家店铺子，一般人不多，我拐进去后，挨家又问了个遍，就在一家不起眼的门店里，一位操着南方口音的店铺老板引起了我的注意，上前一问有没有南宋钱，那位老板见我问得很专业，急忙把我引进店铺里，一个劲儿自夸道，说我问他就是问对人了，他就是地地道道的浙江上虞人，在天津经营古玩有些年头了，而且手里确实藏有不少南宋时期的铜钱和铁钱，但言明只统包不零售。我将他从柜子底下拿出来的一袋用软纸包裹好的古钱打开一看，果真不少，约有四十多枚都是南宋时期的大小钱，而且据他讲，他前几年专做南宋钱的生意确实很火，现在所剩无几了，大多是些老回头客经常来挑些稀缺品，剩下的钱不多了也就不再单卖。我随手翻了翻，这些钱中绝大部分是建炎、绍兴、淳熙、嘉泰、嘉定、景定等普品钱，不过，也有四五枚平时不多见的“绍兴元宝”小平钱、“大宋通宝”和“端平元宝、通宝”钱以及一些品相不好却不常见的铁质钱。我是有心收之，可身上带的现金又不是很多，就试着问了问价钱。老板似乎也看出了我想买的心思，张口要我三千，我说价太高，能不能优惠点儿？对方显然不想做出过多让步，勉强同意二千五可以成交。要说这个价也不算高，作为一个收藏者而言，是完全可以接受的，只可惜我兜里没带那么多现钱，左磨右蹭，价钱谈不妥，只好无功而返。

南宋　开禧通宝

回到北京后，每当看到钱册里南宋钱的空缺太多，心里总不是个滋味，也多多少少为那次天津之行，没能将那几枚钱带回来而感

南宋　绍熙通宝

南宋　绍熙元宝

到遗憾。为此，总想找个时机专程再跑一趟天津，说什么也要把那些钱弄回来。尽管天津离得近，交通工具也很发达，可人这一忙起来就感到分身乏术，时间一拖再拖，又不知不觉过去了大半年，直到秋后十一放长假，我再也等不及了，急匆匆地赶了过去，市场还是那个市场，店铺还是那家店铺，当我再次向老板讨要那些南宋钱时，老板非常抱歉地告诉我，那包钱已在两个多月前被人买走了，当时那份失落的心情连在市场别处逛逛的兴致都没有了。

俗话说得好，机不可失，时不再来。错过了上次购买的机会，想要的那几枚钱还真的不再来了，后悔莫已。打那之后，不管去哪里，我都先将银子备足，如果看中了自己意中的钱币，哪怕价钱略高一点也绝不放手，特别是在南宋钱的收藏上，更是如此。

记得后来有一次去太原，偶然看中了几枚南宋钱，尽管价格压了半天也没能压下来，但为了不再留有遗憾，眼都不带眨一下，将二十多枚钱全包了，最为难得的是这次居然得到了两枚稀有的“景定万年”和“绍定万岁”宫钱，那份喜悦就更别提了。后来有机会去了郑州，在熟人的引荐下，把那个“中原古玩城”上上下下转了个遍，别的钱没怎么看好，唯独在一位摊主那里见了十二枚南宋钱，一股脑儿全买了下来，其中也不失“开庆通宝”“绍熙元宝”和“大宋元宝”小平钱。

南宋　景定万年（宫钱）

南宋　绍定万岁（宫钱）

也许有人会问，南宋钱真的那么稀罕吗？我的回答是肯定的。南宋钱作为一个特定历史时期的产物，受当时生存环境的影响（北有强金、西有西夏、西南有大理等政权）和国力（军事软弱、政治无能）所限，南宋钱首先在铸量上不及北宋钱。北宋钱的年铸量通常在四五百万贯上下，而南宋钱的年铸量不到十四五万贯，只有北宋钱的三十分之一左右，而且铜质钱少，铁质钱多，加之长江以南地区，多雨潮湿，土壤偏酸性，对铜钱和铁钱的腐蚀较为严重，都造成了南宋钱出土量的稀少或残缺，使其价格比北宋钱要高出近十倍。其次是南宋钱首出了“背纪年”，品种更为复杂，而且每一年的铸量又不固定，时多时少，收集齐全，的确不易。这里我要提一下南宋 钱背纪年的事，这也是南宋钱的一大特色。

所谓“背纪年”就是在钱背面上标注明铸钱的年份，对这种现象，我个人理解为南宋皇帝偏居一隅，其实个个都很心虚，害怕连年战争导致政权不稳，老百姓不知天下谁主沉浮，故每年新铸的钱都加上铸造时间，以示天下还姓“赵”。背纪钱是从南宋孝宗淳熙七年（公元1180年）开始的。如淳熙七年铸的“淳熙元宝”钱就在钱背上铸一“柒”字。因此，“淳熙元宝”背柒钱，又成为世上有明确记载的最早纪年钱。据相关统计，南宋纪年钱自孝宗淳熙七年始至度宗咸淳九年（公元1273年）止，时间跨度93年，纪年钱种类有89品之多【“淳熙元宝”10种（背柒～十六）、“绍熙元宝”5种（元～五）、“庆元通宝”6种（元～六）、“嘉泰通宝”4种（元～四）、“开禧通宝”3种（元～三）、“嘉定通宝”14种（元～十四）、“大宋元宝”3种（元～三）、“绍定通宝”6种（元～六）、“端平元宝”1种（元）、“嘉熙通宝”4种（元～四）、“淳祐元宝”12种（元～十二）、“皇宋元宝”6种（元～六）、“开庆通宝”1种（元）、“景定元宝”5种（元～五）、“咸淳元宝”9种（元～九）。这些纪年钱除绍熙、嘉熙、大宋、庆元钱的纪年文字在钱穿下方外，其余均在穿上】，只其中任何一整套钱要想收集齐全，也是很难的一件事。据考证，咸淳元宝钱过去统认为只有8种，因南宋恭帝以后未见铸钱，故此钱背“八”公认为南宋最后一钱。直到1985年在福建省建宁县出土的一万多斤窖藏古钱币中，曾发现一枚“咸淳元宝”背“九”的折三钱，从而确认南宋度宗咸淳九年也曾铸钱。

南宋钱现今已难得，除铸量少是重要原因之一，另一个原因是受后世战乱，钱币失散严重外，更有明清时期，南方建寺扩庙，老百姓常拿此旧钱化铸佛像之用或打造日常用品，致使南宋钱币销毁严重，从而导致存世量不丰。

鉴于以上原因，我在南宋钱的收藏上，总要比其他钱偏爱有佳，不管去了哪个地方的古玩市场，都要先问问有没有南宋钱，只要有所见，几乎照价全收，这些年通过郑州、绍兴、保定、杭州、临沂等地的收集，收获还真不小。

辽元泉珍

辽钱稀贵很难得

辽朝（公元907年－1125年），又称大契丹国，是我国历史上由契丹人建立的的一个政权王朝。公元916年3月17日，契丹首领耶律阿保机统一契丹八个部落后登基称帝，取国号“契丹”，并开创了本民族的契丹文字。公元936年，契丹国南下中原，攻灭五代时期的后晋，改国号为“大辽”，前后共历9帝，存世210年，之后被大金国所灭。

俗话说，物以稀为贵。在泉界，辽钱素以贵而著名，皆因其稀少所致，即使是普通辽钱也比普通汉钱贵得多。打一个形象的比喻来说，同一时期的宋钱可以按斤来计量，而辽钱只能按枚来计量。造成辽钱少的原因是多方面的， 除受地域、保存状态、人为销毁、自然损坏等因素的影响外，铸量因素还是主要原因。这是因为辽朝社会经济发展极为不平衡，游牧地区相对较闭塞，商业交流仍以原始实物交换为主，为数不多的城市规模也不大，城市商业活动远不及中原地区发达。因此，对钱的需求量并不是很大。加之，辽境内铁多铜少，铸币工艺落后，在钱的铸造工艺、用料等方面不是很精细，使辽钱在行用过程中易磨损和损坏。再有，辽朝早期在相当长的一段时间里，大都使用中原的汉钱，后来随着北宋经济发展和边贸活动的急增，宋钱开始流入辽境内，这才引起辽朝统治者的重视，开始铸造本国货币来宣示主权，但铸量极少，仅作为本国政权货币的一种象征而已。如“天朝万顺”（契丹文）钱就是其中一例。据相关统计，辽景宗时期每年的铸币量只有500贯，而宋神宗时期的年铸量是500万贯，二者相差巨大，如此少的铸量能够存世下来的少之又少，这也是早期辽钱珍稀且价高的重要原因之一。在现今的市面上，像“通行货泉”“天显通宝”“天禄通宝”“会同通宝”“开丹圣宝”等钱，几乎已难得一见。到了辽朝后期，随着经济规模的扩大，铸币量虽有所增加，但也只是作为辅助货币使用，大量的行用钱仍以宋钱为主。因此，总量上仍不及宋钱量丰，这也是现今辽钱比中原汉钱普遍价高的又一重要原因。

尽管辽朝为北方契丹人所建，也有自己独创的文字，但辽钱的制作仍承袭和保持了中原汉钱的文化特点，同时，又融合了契丹人本民族的传统。不过，契丹人对汉文字掌握还不熟练，在汉字写法上，笔划多歪斜，字形拙劣不方正，很像中原地区幼年儿童初学写字时的水平，这也是辽钱别具一格的特征。此外，由于辽朝资源少和开范的深浅力度掌握得不够好，使所铸辽钱都显得薄肉，不及汉钱厚实，字口也较浅，这也是后人难以高仿的原因之一，是现今区别辽钱真伪的一个极其重要的标识。

纵观辽钱的历史发展现状，辽史对铸钱的记载也不全面，有出处的大约七八个品种，但从现今出土的情况来看，估计约有20多个品种，这也是游牧民族居无定所的特性，在历史记载上不如中原社会完整丰富的关键所在，有历代统治者“当一天皇帝享一天福”的现实主义色彩，对功名并不看中，从而也影响到后世对辽朝历史的研究。目前，泉藏界常把辽钱大致分为“上八品”和“下八品”。

“上八品”是指辽朝早期的年号钱。主要有辽太祖铸的“天赞通宝”钱，因“通”字最后一笔上翘，很像个老虎的尾巴，因此该钱也有俗称“虎尾通”；太宗铸的“天显通宝”“会同通宝”和“天禄通宝”钱；穆宗铸的“应力通宝”钱；景宗铸的“保宁通宝”钱；圣宗铸的“统和元宝”钱和兴宗铸的“景福通宝”钱等八款货币。目前，这些钱币市场上几乎很难见到，大都名存实亡。从出土和有发现的资料来看，“天赞通宝”钱为古泉五十名珍之一，真品现在只可在上海博物馆和英国伦敦大英博物馆有所见；“天显通宝”钱传世仅一二枚，均下落不明，后世所见一品也于抗战后期落入日本人手中，现存于日本文化厅；“会同通宝”钱辽史更无记载，直到 1989 年首现第一枚，后陆续有少许发现，但版别上公认的仅有一种“人”字头者为真，其余版别均为假仿，视为古泉五十名珍之一；“天禄通宝”钱在《辽史·食货志》中也无记载，仅在内蒙古巴林右旗出土过一枚，是岂今为止已知存世的孤品，被视为国之珍宝；“应力通宝”钱为古泉五十名珍之一，存世仅几枚，据说现在山西的泉家藏有一两枚；“保宁通宝”钱存世量也少，大约数十枚，为古泉五十名珍之一，也大多散于名间藏家之手；“统和元宝”和“景福通宝”钱则较之前多，也属难得一见之品。

“下八品”是指辽朝后期的钱币，是辽朝真正意义上的行用钱。主要有辽兴宗铸的“重熙通宝”；道宗铸的“清宁通宝、元宝”“咸雍通宝”“大康通宝和元宝”“大安元宝”“寿昌元宝”（此五种钱币统称“道宗五泉”）；天祚帝铸的“乾统元宝、通宝”和“天庆元宝”等钱。这些辽钱目前还比较常见，但版式较多，有些版本较珍贵。具体情况是："重熙通宝"钱有大、小字之分，字体有隶"通"和楷"通"之别，隶通和大字钱较少，但该钱与此前有所不同，是上八品和下八品铸量上的分水岭，后期钱铸量越来越多，这些钱已不完全是宣示主权的象征，而是为适应辽朝国内经济发展需要，作为社会行用钱数量不足的补充之需；"清宁通宝、元宝"钱有大样小样之分，大样笔画质朴，小样四字清奇，制作亦较粗疏，应为道宗清宁年间后期所出，另有当十"清宁元宝"大钱，存世仅一枚，真伪待考；"咸雍通宝"钱有大、小字样两种，大字样少见，为辽钱中铸量最丰，存世也较多的一种钱品；"大康通宝、元宝"钱版式变化较多，通宝钱较元宝钱工整匀称，少数钱较精美，大康通宝传世甚丰，其银质大钱不多见，估计有八、九品存世，目前，中国历史博物馆和山西省博物馆各藏一枚，据说还曾在德国波恩举办的"中国古今货币展"上有一枚现身参展，元宝钱存世量极少，是奇珍；"大安元宝"钱有短"安"和长"安"两种版式，短安较常见，长安较少，另有折十型大钱，较罕见；"寿昌元宝"钱存世量不丰，以阔缘长"昌"者少见，"元"字左挑者极其罕见；"乾统元宝"钱文"乾"字错作"乹"字，有小平和折十两种，小平钱较多见，折十大钱极其珍罕，通宝钱为折五大钱，乾字没有错笔，疑似孤品；"天庆元宝"小平钱存世较多，"元"下横有左挑和双挑之分，"宝"有大、小宝之别，折十大钱"大辽天庆"（鎏金）镇库大钱制作精美，世存仅二品，珍罕无定价。

辽代　大安元宝

辽代　寿昌元宝

辽代　天庆元宝

辽代　重熙通宝

关于这两枚大钱，有专家认为非天祚帝所铸，这是因为当时国库空虚，辽金战事正急，金兵已占领了辽国大片土地，认为天祚帝无暇顾此来铸新钱。此二品应为辽圣宗时期的叛将大延琳据东京（今河南开封）时（公元1029年）所铸，因“大”系延琳之姓，“辽”为僭号“兴辽”之简称，“天庆”是其所行年号，且东京素有钱帛司的铸钱机构，故大延琳造此大钱以庆开国之意，是有可能的。因此，对待这枚古钱的历史出处，大不必深挖细究，仍应遵循普遍共识为好，毕竟天祚帝一朝是正宗的辽政权，而且也有铸钱的历史记载，归天祚帝所有并没有过错。

值得注意的是，据《辽史·食货志》载，辽景宗和圣宗也曾按年号铸过“乾亨和太平”钱，但目前市场上所见到的“乾亨通宝、重宝”钱都是五代十国时期南汉所铸钱，多出土于岭南地区，而有一种旋读的“乾亨元宝”被认为是辽钱，但泉界认为是伪品，可见辽铸乾亨钱，迄今尚未被发现。另外，圣宗还用过“开泰”和“太平”年号，至于开泰曾铸钱与否，争论不一，世传现今辽铸开泰钱均为伪品。对于辽是否也曾铸过太平钱？这个问题真不好回答。因目前仍存世的太平钱种类过于繁多，而辽铸太平钱又无详实历史记载，现难以断定哪种钱是真正的辽铸太平钱，这需要有识之士，认真加以鉴定，一旦有新说，或许你会永载史册。此外，兴宗景福年间未见铸有年号钱，这已成定论。因此，收藏爱好者应多加甄别，切不可被以假乱真而受蒙蔽。

捡漏还数辽"会同"

在我收藏的过程中，有幸得到一枚辽钱大珍"会同通宝"钱，说起这枚钱的来历还真有一段不寻常的故事。

那年去太原南宫古玩市场，在外面的地摊上，有一位专门从事民间收购的"熟面孔"，正好那天也在放货。我走过去打了个照面，他急忙将收到的一大包东西递给我看，而且一个劲儿向我推荐新收的几枚清康熙和雍正年间的母钱。我拿过来仔细看了看，无论品相还是字口还真是难得的上品，但要价太狠，我始终不肯松口，借此机会，又将其他钱翻了翻，一枚辽朝"寿昌元宝"钱、明朝"隆庆通宝"和一枚南明"弘光通宝"（横断弓）钱比较"上眼"，几番讨价还价后，总算成交了，可那位老兄仍不死心，仍希望我能多带走那两枚母钱。我又把那包钱拿过来翻来覆去看了又看，突然一枚品相不是很好，钱文字口不太清楚，且磨损较重的小平钱跳入我的眼线，我拿在手里细细看了看，该钱径约2.5厘米，重约5克不到，光背不整，钱面仅一个“同”字和“宝”字尚能清晰辩认，而另两个字中，钱文上穿中的一个“八”字头还可辩认，而下部已含混不清，当时确实无法确定是个什么汉字，而下穿的字也模糊不清，疑似一个“德”字，我也没太在意，反问对方：“这是枚什么钱？他说我也看不懂，好像是枚“X德同宝”钱，估计是枚安南（越南）铸钱，应该不值钱”。我当时也没搞清楚，按照一般钱文直读的惯例，“同宝”而非“通宝”，估计不是日本钱就是高丽（朝鲜）钱，但凭我对安南钱了解，并无此类似的文字，可以肯定此钱绝非他所说的安南钱。在泉界都有这样的共识，安南钱普品较多，价也不高，市面上较常见，这一点对方也十分清楚。

辽代　会同通宝

我问他此钱从何而来，他说是在老乡家收古懂时顺带来的，因品相不好，只花了20元钱购得。我有一个特点，只要我钱册里没有的钱，大都会收购回来，待研究后再入册，也算是增加了自己的一个新藏品，对这枚钱也不例外，几番交涉过后，最终以25元购得。

回到家中，我将那些有名有姓的钱币按照分类一一装好入册，唯独这枚“外”铸钱不知所终。于是，上网先将朝鲜和日本的古钱币一一查实核对无结果，又将安南钱查了个遍，也无此出处。这令我百思不得其解，从这枚钱的形制特征来看，仍属汉钱特点，无论如何都是一枚与我国古代铸钱相一致的钱币，排除了外国钱外，难道是本国钱币不成？带着这个疑问，我又将《中国古钱币大全一览表》拿出来一一对照。其中，钱文有“同”和“宝”二字的钱名，只有辽朝的“会同通宝”钱，而且是旋读，大体与我得来的这枚古钱的读法相一致，这就好理解多了，此古钱应该是“会同通宝”钱，可我怎么也不敢相信，明明“会”钱是在网上图片显示的是“人”字头，而我得的此钱疑似一个“八”字头，与之相去甚远，再有，“通”字与“德”字相差也太大，“异想天上掉馅饼”这样的好事哪会砸到我头上？可我又不死心，无论如何也要把这枚古钱的迷底解开。于是又将“会同通宝”钱的特征，尤其是钱文笔画和结构特点，细细研究了个透。尔后，再看看我这枚古钱，还真有相似之处，我再也按奈不住了，急忙取出酒精和棉签，将此钱文上的杂质小心奕奕地擦拭干净，原先误以为“德”字的中间“四”旁终于露出了两边向下延伸的痕迹，便取来放大镜细细观察，这一看不要紧，差点没把我吓傻了，那个“德”字其实就是个“通”字，只不过底部的“走之”磨损很大，形以不清，而辽铸会同钱的“通”下部经长期磨损，粗看很像个“德”字，反顺其笔画勾勒出字形来，的确是个“通”字无疑，这就是说，我得的此枚古钱大至可以确定是一枚辽朝的“会同通宝”钱了。可问题又来了，钱谱上的图片实物明明是“人”字头的会，而且仅此一种样式，“会”字下部特征基本相同，可以模糊地勾出“曾”字的模糊特征，这也符合辽铸钱当时的写法。可这“八”字头的“会”，钱谱上并无记载。于是，我又带着这个疑问，再次上网查阅资料，好不容易才在《说钱网》上找到了有依据的出处，“会同通宝版本按会字分，有人字会、八字会、简笔会，以人字会最罕”。由此可见，我这枚“会同通宝”钱非辽钱莫属，然而，这个“会”字到底是“人”字头还是“八”字头呢？带着这样的“不死心”疑问，我又将“八”字上缺口部分用高倍放大镜细细察看，还别说，果真又看出了点名堂来，那个缺口上确有凸出感，只因日久天长铜质磨损和氧化严重，已发黑变模糊不清，而“人”字下面“曾”字上的两点与两边沾连，粗看就是个不规则的“八”字，由此说来，此会非“人”字头莫属，是枚货真价实的“会同通宝”钱。

谜底总算解开了，那份喜悦无以言表，这份天大的馅饼果真砸到自己头上来了，还真有点不知所措。尽管如此，我仍不放心，毕竟会同钱存世极罕，能得此钱是否会有假？为了慎重起见，又上网查询了相关历史，方知辽太宗会同年号（公元938—947年）存世有十年之久，也就是说，从当时的铸量上来看，即使每年不足500贯，十年也约有四、五千贯钱，至今能得此钱也不算是个意外，加之，早期辽钱因铸造工艺落后，字口都不如汉钱清晰，后人很难仿铸，因此可以断定，此钱系会同钱真品无疑，25元得此无价之宝，简直是天方夜谭。

阿果大钱定辽终

阿果是辽天祚帝耶律延禧（公元 1075 年－ 1128 年）的乳名，是西辽政权建立前的最后一位辽朝皇帝，也是个任用奸佞、荒淫误国的末代昏君，更是辽朝历史上唯一一个铸大钱行用，以解决国库空虚的“穷皇帝”。在他统治的 25 年间（公元 1101 年—1125 年），可以用“不作为”和“乱作为”来终其一生。

纵观辽朝二百年的历史，可以发现，铸大钱的皇帝并非他一人，为什么只单单拿他来说事？我个人认为，阿果“政治”和“人生”上的双重悲剧，正是从铸大钱这件事开始的。

在辽朝第一个铸大钱的皇帝是辽太祖耶律阿保机神策五年（公元 920 年）铸的“天朝万顺”（契丹文）金、银和铜大字钱，此钱应为辽朝第一枚纪念币。理由是辽太祖于公元 916 年建国契丹国，始为神册元年，五年时因突吕不等人参照汉文字，创制了本民族的契丹文字，是契丹国的一件重大历史事件，当年铸此文大钱既有宣示辽太祖政权之意，又有预示“国运繁昌、万代永顺”之吉语，主要用于赏赐王公贵族，并不作为行用之需，说他是厌胜吉祥钱也可以或称其为纪念币也行。

第二个铸大钱的皇帝是辽圣宗耶律隆绪统和元年（公元983年）铸的“天朝万顺”（契丹文）金、银和铜小字钱。当时辽景宗于上年驾崩，辽圣宗继位时还很年幼（12岁），便于次年（统和元年）率群臣拜母后萧绰为“承天皇太后”参与摄政，从而剥夺了各路诸侯觊觎皇位的梦想，铸此币既有承袭太祖遗愿，又有幼主发奋兴辽的预告，这对当时巩固幼主政权和维护萧后摄政地位具有重大意义，为后来圣宗掌管朝政，迎来“圣宗盛世”创造了条件，因此，铸此大钱也不属于行用，仅作为纪念新政的价值。

第三个铸大钱的皇帝则为辽道宗耶律洪基，此帝在位期间，为人昏庸，忠奸不辨，沉迷于酒色，大造寺庙，劳民伤财，社会矛盾激化，使辽朝开始由强盛转向衰落。其在位四十六年间共用了5个年号，且分别铸有大钱。“清宁元宝”和“咸雍通宝”折五大钱，按《辽钱概说》里讲，是为“彼时宫中吉庆所用”，而“清宁二年”大钱则用于王公贵族殉葬时的冥钱。之后，道宗又于大康七年（公元1081年）铸“大康通宝”大银钱和少量铜质“大康六年”（折五）、“大康七年”（折十）钱，这是因为大康五年（公元1079年）七月，权奸耶律乙辛在诬陷杀害太子后，又乘道宗游猎时欲谋害其皇孙，好在道宗再没有糊涂，接纳了大臣的劝谏，命皇孙一同秋猎，才化解了这场阴谋。大康七年耶律乙辛谋反之心已路人皆知，所幸道宗能及时察觉，这才废黜了乙辛及其党羽，并铸此两种大钱用于对有功之臣进行封赏。因此，该钱也只属于纪念币的性质，并不具备行用之功。直到道宗寿昌年间，因国库日渐空虚，这才始铸“寿昌元宝”

折二大钱和“寿昌贰年”（折十）大钱，以资国需，但此时的大钱也只作辅币使用，铸量并不大，存世也少。

辽代　乾统元宝

第四个铸大钱的就是阿果，在乾统年间开铸的“乾统元宝”折十大钱和通宝折五大钱。此时的大钱已不再是纪念币的行赏和殉葬之用了，而是真正意义上的行用大钱，其铸量也大，这在整个辽朝时期是十分罕见的。

那么，为何会在阿果统治期间铸出大钱行用呢？翻开辽史就不难发现，阿果即位之初，国势已远不如从前，而他本人任用萧奉先、萧德里底等奸臣，自己一味游猎，生活荒淫奢侈，不理国政，致使国内经济日益衰落，为维持开销和后期战争支出，一方面逼南宋增加朝贡，另一面发行大钱以诈取民膏，使得民不聊生，人心离散，这是他政治上“不作为”的表现。而在外交上，阿果又无远见，危机四伏之机，仍不知死到临头，又处处“乱作为”，闹得众叛亲离。据辽史记载，天庆二年（公元 1112 年），阿果临幸混同江钓鱼，按惯例千里之内的女真族各部酋长都要前来朝见，在“头鱼宴”上，阿果为饮酒取乐，令酋长们依次为他唱歌跳舞，以此作为各酋长对他臣服的象征。当轮到完颜阿骨打（后来的大金朝开国皇帝）时，他拒绝这样做，甚至被命令再三后也是如此，这种故意挑衅行为，令阿果很不满，可以看出他是一个潜在的敌人，想要处死他，但是权臣萧奉先却劝阻了他，认为完颜阿骨打部落势单力薄，不足以对大辽构成威胁，从而使阿果对完颜阿骨打可能产生的危害嗤之以鼻，这也是导致后来辽朝终结的一次致命性的失误决定。天庆四年，完颜阿骨打起兵进犯宁江州，阿果最初并没有太在意，只是让地方军队去对付，虽然也派出了援军，但低估了对手的实力，辽军一交战便失利。公元 1114 年 10 月，阿果再次征集大军剿灭完颜阿骨打的女真军队，又吃了败仗，更使辽军士气低落，不战自溃。

阿果此时才感觉到大祸临头，而用于战争的消耗又十分巨大，尤其是一想到后期征讨大金更需要用钱，只得铸大钱来增加国库税收，但此举又引起了国内民众的强烈不满，更无心去为维护皇帝的统治政权而卖命，致使军心涣散。公元1115年初，阿果迫于内外交困，打算与金人和谈，被新金皇帝拒绝，不得不亲率大军仓促征讨，结果大败而归，上京等地相继陷落，终于在公元1125年被金兵俘获遭杀，辽国至此灭亡。

应该说阿果的悲剧是从铸大钱开始引发的国内政治危机开始的，加之，内困外交上的连连失利而葬送了自己性命，这是他的个人悲剧，也是辽朝历史的悲剧。反观其变，我们也不难发现，历史上因铸大钱而引发国破家亡的事例也屡见不鲜，而阿果的刚愎自用却没能认识到“前车之鉴”的重要性，加上他统治上的“不作为”和“乱作为”，更加速了辽王朝灭亡悲剧的发生。由此可见，大钱虽贵，却也是百害，滥铸的大钱更是历史的血泪见证物，由此可见阿果的教训十分深刻。

西夏铜钱不易得

西夏王朝（公元 1038—1127 年）是我国古代党项族首领李元昊于公元1038年称帝时所建立的一个多民族封建王朝，取国号“大夏”，因其位置在宋、辽、金以西地区，故历史上称之为“西夏”。相传共历 10 帝，历时 190 年，并创制了本民族语言的“西夏文字”，形成了极具本民族特色的西夏文化。

西夏王朝建立后所铸的本国货币，材质上多为铜质和铁质，但早期多为铜钱且铸量少，后期则铜钱少、铁钱多。目前，面文为西夏文的钱币已发现五种，分别是：“福圣宝钱”“大安宝钱”“贞观宝钱”“乾祐宝钱”以及“天庆宝钱”。这五种钱币型制上都以光背小平铜钱为主，属于珍稀品种。

汉字体的西夏钱币按照年号划分，目前已有八种面世，分别为：

"大安通宝、重宝""元德通宝""大德通玉""天盛元宝""乾祐元宝""天庆元宝""皇建元宝"以及"光定元宝"钱。在这些钱币中，除了"元德重宝"钱为折二大钱外，其余均为楷书小平钱。

这就不免让人产生疑问，西夏曾经铸过十多个品种的钱币，为何现今很难得一见呢？

这里面既有历史成因，也有现实原因所造成的结果。在西夏王朝建立之前，党项族以姓氏为部落，散居于青海省西南和四川省松潘以西的广茂盛地区，过着逐水草、无定居的游牧生活。后来受吐番国侵扰，请求归附于中原王朝统治，从隋文帝开皇六年（公元586年）开始内迁今甘陕地区，在汉族先进文化和先进生产力的影响下，凭借优越的自然条件和中原王朝的特殊照顾，人口和经济得到了空前发展。这期间并没有铸行自己的本族货币，仍延用中原政权地区的通行货币。唐末"黄巢起义"暴发后，唐王朝命其参与镇压起义，因他们作战有功，整个部落氏族被赐为李姓，首领被封为"夏国公"，这也是后来"大夏"国国号的由来。唐朝灭亡后，中原大乱，群雄逐鹿，党项族拓跋部首领也乘机扩充地盘，设官置吏，征收税赋，成为雄居西北的一个强势政治武装集团。大宋王朝建立之后，因无力对其用兵，采取了赐姓、封爵、给岁赐的安抚怀柔政策，赋予其特殊的自治地位和优厚照顾，经过多年的稳固发展，拓跋部已羽翼丰满，名为归宋，实则已自立。同时，因为其占据着陆上"丝绸之路"的主要通道"河西走廊"地区，卡在中原与西域各国的商贸活动的咽喉位置上，因此各国商贾经过此地都要赋税"过路钱"，同时，又不失时机地参与本国的特产交易，从而带来了丰厚的财政收入，这其中主要来自于中原的宋钱。西夏王朝或许是发现商贸活动有利可图，逐渐实施重商轻农的政策，特别重视与宋、辽、金诸国和西方的贸易互通，使得商贸活动在其社会经济中占据了主导地位，加上每年靠宋王朝的岁赐和通过贸易所得的钱币，已基本满足本国社会钱币的流通需用，所以不需要再费工费料大量铸造本国货币，只铸造了少量的钱币来作为王朝的政权象征，用于赏赐臣僚、祭祀和对周边国家的礼尚往来之用。可以说，在北宋灭亡前相当长的一段时期内，西夏使用的货币主要是北宋钱，这也是现今我们所能见到的西夏早期铸币虽少，却质量精致的原因。后来因为北宋的灭亡，西夏失去了中原每年的岁赐，只得对强权“大金国”称臣，可是金国虽然强大，却也很少铸钱，初始也主要是行用中原货币，西夏从他们那里得来的东西，也大多是少量的实物补贴，钱给得极少，这一现象从西夏窖藏钱币出土的情况里得到了验证。由于宋钱断了源，金钱又不能补，旧钱损耗十分严重，致使西夏国内出现了严重的钱荒，为了满足社会流通之所需，才不得不于天盛十年（公元 1159 年）设通济监大量铸钱，用于发展生产和行用流通，但因受铜材稀缺的影响，这一时期所铸钱币也多以铁钱为主，从而造成了这个时期铁钱多、铜钱少的主要原因。又经过十多年的发展，到天盛廿三年时，西夏经济（主要是商贸经济）和文化空前发达，达到了鼎盛时期，铁钱的磨损较为严重，又开始少量铸行了一些铜钱，所以在西夏诸钱中，“天盛元宝”铜、铁钱堪称铸量最丰、制作最工、文字最秀的一个品种，因此，天盛钱在现今存世也最多。尽管如此，因国力所限，天盛钱若与中原钱尤其是同期的宋钱相比，仍属于少得可怜的稀罕之物。据从出土的西夏窖藏钱币来看，西夏王朝自铸币很少，所占比例不到 2%，而北宋铸币最多，占到了百分之 85% 以上，有的窖藏高达 97%，其它王朝铸币（汉、唐、五代诸国、金、辽及南宋等）只占 12% 左右。可想而知，整个西夏铸钱在整个钱史上所占比例极少。

那么，西夏钱到底铸了多少呢？从史料和考古来推算，在其建国二百年间，铸币总量估约 20 多万枚左右，其中，铜钱只占 2 万枚不到一点，铁钱约有 18 万枚左右，共有 15 个种类，不到五十个版式。这些钱币，除铁钱出土时就锈蚀严重和没有引起重视损失较多外，部分已由国家和地方的博物馆以及文化馆收藏，还有相当多的一部分在钱币收藏家和钱币爱好者的收藏之中，这也是现今西夏钱流通交易量少的重要原因，所以此时的铜钱是难得之佳品。

如今，我们已知的西夏钱币共有 15 个品种，分别是：毅宗福圣承道年间（公元 1053—1056 年）铸西夏文“福圣宝钱”、惠宗大安年间（公元 1075—1085 年）铸西夏文“大安宝钱”和汉文“大安通宝”钱、崇宗贞观年间（公元 1101—1114 年）铸西夏文“贞观宝钱”和元德年间（公元 1119—1126 年）铸汉文“元德通宝、重宝”钱以及正德年间（公元 1127—1134 年）铸西夏文“正德宝钱”和大德年间（公元 1135—1139 年）铸汉文“大德通宝”钱、仁宗天盛年间（公元 1149—1170 年）铸汉文“天盛元宝”钱和乾祐年间（公元 1171—1193 年）铸西夏文“乾祐宝钱”和汉文“乾祐元宝”钱、桓宗天庆年间（公元 1194—1206 年）铸西夏文“天庆宝钱”和汉文“天庆元宝”钱，襄宗皇建年间（公元 1210 年）铸汉文“皇建元宝”钱、神宗光定年间（公元 1211—1223 年）铸汉文“光定元宝”钱。

“福圣宝钱”：号称“西夏第一钱”，是西夏第二位皇帝毅宗嵬名谅祚的第三个年号钱，面文旋读，光背无文，有粗字、细字、厚版和薄版等区别，现存世量不足百枚。

“大安宝钱”：有小平，折二，两种版式，小平钱较为稀少，折二钱更少，现能所见的折二钱收藏于西安文管处，为西夏诸钱中的奇珍之品。其中，另一品“大安通宝”钱比“大安宝钱”还要少，疑试铸品，被列为天下奇珍。这里大家要注意，在我国历史上，曾用“大安”年号的共有三位皇帝，辽道宗铸有大安钱，共有两品，前面已作过介绍；西夏惠宗也铸过大安钱，该钱钱制与西夏历代铸钱文风一致，特色明显，与辽铸大安钱文风迥异，很容易区分；金朝卫绍王大安年间未曾铸钱，故大安钱有“三朝共取同一名，两币遗世易区分”之说，大家切不可将此两种钱混淆视听，或将个别异品归纳为金铸大安钱。

“贞观宝钱”：是目前已知的西夏年号钱中存世最少的一个品种，以西夏文书写，旋读，光背，被泉界视为奇珍之物。2010 年在嘉德春季拍卖会上，曾拍出一枚品相稍差点的钱币，成交价格为 11 万元。

“元德通宝、重宝”钱：有楷、隶、行三种钱文书体。隶书少见，楷书、行书极其难得，现上海博物馆藏有楷书体小平钱一枚，传世极罕；重宝钱为折二大钱，存世仅两三枚，珍罕无定价，现北京中国钱币博物馆有藏，被视为镇馆之宝。

西夏　元德通宝（私铸）

“正德宝钱”：为西夏崇宗的年号钱，属折二大钱，存世仅见一枚。在大量的西夏文献里面，都没有这个年号的记载，只在官印、和背款以及安西榆林窟的西夏文题记上，有“正德”二字。也有专家解读认为西夏文中的“正德”应为“治德”，但泉史上一般都作正德命名。现保守估计价为 20 万元。另外一种“大德通宝”钱，为小型供养钱，据钱谱载现存世仅见二品。

“天盛元宝”钱：有铜、铁两种材质，版式也是最多的一种西夏钱，现存世量大，不亚于宋代诸钱，但铁钱背“西”者少见。

西夏　乾祐元宝（铁钱）

“乾祐宝钱”：传世微多，为西夏文钱中之上品。而“乾祐元宝”钱有铜、铁两种，铜钱少、铁钱多，铜钱钱文有行、楷两种书体，有长“元”和短“元”之别，铜钱十分难得。另有一种大字版品，现仅见有一枚，据传有极罕试铸折二大钱传世，铁钱现也不多见。虽然在五代后汉隐帝时期也曾用“乾祐”这个年号，但五代未铸钱。

这里值得一提的是，本人在收集此钱近几年间，均未见到过铜钱，后在内蒙古呼和浩特市大召寺古玩市场，偶见一串铁钱，约二十多枚，而且全部是残币，无奈之下，只挑得一枚稍好的缺角残币存册，可见该钱之难得。

“天庆宝钱”：是西夏钱文中铸工最佳，却铸量不大，存世较珍罕一种钱币。另一种“天庆元宝”钱，钱文楷书旋读，书体端庄劲健，铸工良好，与辽铸天庆钱最大的区别是文字的书写上，辽铸钱文字不工，一眼可识别，现此钱存世也不多见。

“皇建元宝”钱：该年号在西夏虽只用了一年，但铸钱量较前期钱稍多，一般也能偶见，但小字大样者少见，现今该钱存世已不多见。

西夏　皇建元宝

“光定元宝”钱：是西夏最后一钱，比较少见，另有篆书钱与此成对，目前而言，篆书钱为孤品（亦说二品），珍罕无定价。

总之，西夏所铸造的钱币，总体上比辽、金时期所铸钱币铸工精良，铜质上乘，边廓坚挺，型制规整，字体端庄秀丽，书法高雅优美，在我国历代数千种钱币中，也算得上是佳品了，充分反映出西夏社会经济文化水平较高，吸收中原文化比较成熟，制钱技术比较先进。

大夏兴起归“汉”钱

西夏王朝在我国历史上是一个独具特色的王朝，它既秉持本民族特色，又兼顾中原文化的吸收，使其从一个弱小的民族，发展壮大成为雄居一方实力强悍的封建政权。反观其发展壮大的历程，可以完全归功于对汉文化的吸收和运用，这从铸钱上两种文体（契丹文和汉文）的先后出现，得到了充分验证，尤其是在西夏后期，大量铸行汉文钱的现象，更加证实西夏王朝的兴盛是与中原经济的发展一脉相承，分割不开。

历史上的西夏，地处西凉地区，地广人稀，早期多以农牧经济为主，“随牧而居”的生活方式是其社会结构的主要特征。唐初时，只是一个不起眼的党项羌族，生活在青藏高原地区，因势力弱小不得不经常与另一个势力弱小的吐谷浑联合起来对抗强大的吐蕃国，在唐高宗时期，吐谷浑被吐蕃国所灭亡，党项羌族因失去了相互依存的保护，只好归附中原大唐王朝管辖，被迁至庆州（今甘肃庆阳）。唐僖宗时，党项部首领拓跋思恭被朝廷封为夏州节度使，因平定黄巢起义有功，一度收复长安，再次被赐姓李，封夏国公，从此拓跋思恭及其李姓后代以夏国公成为当地的藩镇势力。在五代十国时期，不管中原谁当霸主，李氏（拓跋氏）皆“俯首称臣”，以换来本部落的平安和大量的赏赐。在此后二百多年间，伴随着“大夏”国的建立，原始的生产生活方式已不能适应本民族生存和发展的需要，随着城市定居者和手工制造业的兴起，商品经济得到蓬勃发展，“以邻为伍、相互融通”的经济结构形式，与中原地区的物产交流，成为当时推动西夏社会经济发展的主流，促使以本国货币为主体的商业交流模式逐渐推广开来，中原汉文化也逐步在西夏经济社会中成为主流文化，有力地促进了西夏生产力的发展。

沿着西夏王朝历史发展的脉络，我们不难发现，从建国之初（公元 1038 年—公元 1119 年）到第一枚用于行用的汉文钱“元德通宝”钱出现之前的七十多年间，社会经济活动并不发达，统治者所铸钱币只是象征性地为宣示政权而少量发行，大都用于行赏为主，当时用于社会行用和流通的重要角色，仍是中原地区前朝各个时期的货币（以北宋钱为主），尽管在大安年间也曾出现过用汉文铸的“大安通宝”钱，但并不是真正意义上的行用钱，而是惠宗继位后继续表明归宋称臣的象征意义。直到崇宗元德元年始铸“元德通宝、重宝”汉文钱出现之后，才正式开始作为辅币行用。这是因为崇宗帝 3 岁接位时，只是个不问政事的儿皇帝，政权仍由母后梁氏和舅父梁乙逋共同辅政，梁氏外戚为缓和内部矛盾，仍推行穷兵黩武的战争政策，采取对北宋不断用兵的办法，以转移国内的政治危机。从大安十一年（公元 1085 年）到永安二年（公元 1099 年）的 13 年间，西夏对北宋发动了大小 50 余次战争，有的一年之内达六、七次之多，既破坏了“宋夏议和”的关系，也影响到贸易交流（北宋采取关闭榷市的办法相抗衡），从而造成了严重的国库空虚，使得国内物价飞涨，民不聊生，社会经济处于崩溃边缘。崇宗亲政以后，对外重新采取对辽称臣、与宋议和的策略，积极整顿吏治，结束了梁氏外戚专权的局面，重开榷市；对内则采取减少赋税，注重农桑，兴修水利，休养生息的办法，大力发展经济，这也是元德元年（公元1119年）始铸“元德通宝、重宝”汉文钱的重要原因，并利用“联辽和宋”的有利时机，大力发展商贸经济，使得榷市、和市和私市重新繁荣起来，在崇宗的励精图治下，西夏国势一步步由弱到强。

在此后的一百二十年间，西夏注重发挥其地理位置的独特优势，以扼取古“丝绸之路”河西走廊通道为资源，在收取西方和中原“过路费”的同时，也积极推动国内各行各业的发展，鼓励民众与中原和西亚进行广泛的商贸活动。特别是在仁宗时期，西夏的农牧业、手工业、冶炼业、矿产业得到了迅猛发展，四方的物资会集散首都，景象繁荣，从而使西夏进入最鼎盛的时期。据仁宗《天盛旧致新定律令》规定：行市优待西方商人。可见，商贸活动已成为西夏经济的重要支柱产业。为了进一步促进商贸发展，西夏一改以往借用他国货币的做法，于天盛十年（公元1158年）设立通济监，铸造“天盛元宝”钱，其铸量之大史无前例。一方面是北宋灭亡后，缺少了每年七万多两的岁赐，使社会上流通钱币出现了严重不足，影响了经济运转。另一方面，随着商贸活动的扩大，原有混乱的币制（前朝各个时期的中原汉钱）已经落后于经济生活需求，为了解决流通钱币不足的问题，西夏这才开始大批量铸钱，因为铸钱量大，就需要有专门的管理机构，这才设立了“通济监”。

西夏　天盛元宝

也许大家会问，西夏在兴业的过程中，采取对辽称臣，为何不铸“契丹文”钱，反而多铸“汉文”钱呢？这是因为辽国经济结构与西夏相差无几，双方之间并不存在太大的互补性，而相对于中原两宋来说，西夏的农牧产品、盐、矿等战略物资十分丰富，正是中原地区缺少的东西，完全可以满足中原所需。与之相反，中原地区的富庶，尤其是粮食等丰富物产又是西夏必不可少的东西。因此，商贸活动的主要对象仍是面向中原，而弱宋面对强大的辽朝，又无力庇祐西夏政权的稳固，恰恰是采取对辽称臣更有利于三国鼎力局面的形成和巩固，从而获得辽朝政治上的保证和两宋经济上的扶持，所以西夏在重利兴国的过程中，必然把中原两宋作为主攻方向，自然会在商贸活动中起决定作用的货币，也以汉文钱为主，以方便行市交流。由此可以肯定，西夏的繁荣和兴盛离不开中原的影响，特别是在北宋灭亡之后，失去宋廷岁赐的前提下，只能自行多铸“汉”钱来推动商业经济的发展。这也是自“天盛元宝”之后，大量铸造汉文“乾祐元宝”“皇建元宝”和“光定元宝”铜钱以及大量铁钱的根本原因所在，只不过后期的皇帝一个个昏庸无能，才使得盛夏由强变弱直至灭亡。

西夏　光定元宝

在中国的历史长河中，西夏王朝的历史虽然短暂，但毕竟在两宋时期曾经有过自身的繁荣和兴盛，是中华文明延续的一个重要历史组成部分，任何割裂和否认这段历史现实都是不容许的，也有悖于华夏大地各民族团结共和共荣发展的天理，回顾和珍惜这份珍贵的历史遗存，是老祖宗留给我们后人的一笔不可多得的文化遗产，必须得到弘扬和延续发展。

屈指可数大金钱

金朝（公元 1115 － 1234 年）是中国历史上由女真族建立的一个部族政权。完颜部首领阿骨打在统一女真 30 多个部落后，于公元 1115 年建国，国号大金。女真族原来隶属于辽朝统治，因常常受到辽朝贵族的欺辱凌压，早有独立反抗之心。金太祖建国后，采取联宋策略向辽朝宣战，于公元 1125 年灭辽。然而，金朝又通过两次辽宋战争，发现北宋外强中干的一面，随即撕毁与北宋的和约，两次南下进军中原，于公元 1127 年灭掉北宋。公元 1234 年蒙古军队联合南宋军队又共同灭掉了金朝，金朝共历 9 帝，存世 120 年，共出 10 款钱币。

由于金朝也属于北方游牧民族，早期也使用旧时的宋辽钱币，因受中原汉文化影响，后期所铸钱均为汉文钱，且铸工精美。据传金熙宗天眷年间（公元1138年—1140年）进行礼仪改革之初，曾试铸“天眷通宝、元宝和重宝”三款年号小平、折二钱，但由于种种原因，该币并没有正式发行流通，史料也无确切记载。折二钱在早年被发现，现存世仅2枚，小平钱也于近年发现一枚，尚属首现，视为大珍。此外，金熙宗在皇统年间（公元1141—1149年）还曾铸“皇统元宝”年号小平篆书钱，存世罕见极珍，现藏中国历史博物馆。

金朝正式用于行用的货币为海陵王正隆三年（公元1158年）铸“正隆元宝”小平钱，是金宋第二次议和后，为方便贸易而发行的本国货币，但该钱只作为“交钞”钱（纸币）的辅币使用，文多以四笔“正”字出现（最后两笔连成一笔），发行量也较大，现较常见，五笔“正”字隆钱较罕见，2004年四川出土过一些。据说1983年湖南麻阳出土过数枚“正隆元宝”大钱，相当于北宋的折二钱，是为最新发现。另报在建国后黑龙江还曾出现“正隆通宝”钱一枚，迄今未曾确认，现市面上还有一种薄小异体的正隆钱为安南铸。

金代　正隆元宝

金代　大定通宝

金世宗迁都中都（今北京）后，一方面因常年累月的战争消耗巨大，导致国库空虚，需要大量用钱；另一方面由于中原地区的排外性，导致农民起义的不断爆发，又要大把花钱用于对各地起义的镇压，在多重压力下，金世宗不得不着手进行各项改革，发展经济，安抚民生，以适应和巩固对中原地区的统治，以资国用，便于大定十八年（公元1178年）铸行“大定通宝”铜、铁钱，有小平、折二两种（折二大钱和铁钱则较少见）。小平钱除光背外，于大定二十八年（公元1188年）后铸钱添加了“申”“酉”等字的纪年钱，目前，

金代　泰和通宝

大定小平钱较常见，后铸钱较难见。此钱也是金朝建国40年后铸行的正式行用主币。现今北京存留的“中都”遗址不少，如玉渊潭附近的“钓鱼台”就是金代杏村鱼藻池的遗址。“大定通宝”钱在北京出土量比较多，传说宣武门外明清时期有座古庙名叫“大定庵”，据传就是用此地出土的大定钱斥资修建而成的。

金章宗是金代第六位皇帝，在位十九年因治国有章，政治清明，使金朝进入典盛时期，后世有“明昌之治”之称。章宗于泰和四年（公元1204年）始铸“泰和通宝”钱，有小平、折二、折三、折五、折十共五等币值，均罕见。此间还铸行“泰和重宝”折三、折十篆书钱，钱文系金代文学家、史学家、书法大家党怀英手书，字体清纯典雅，精美异常，素为历代藏家所珍爱，另还有背为花鸟鱼纹的厌胜钱存世，但不多见。

说到党怀英，也许大家都不知道是何许人也，但提到他的同门师弟辛弃疾（南宋豪放派词宗）可谓无人不知，也无人不晓，这与他们后来各事其主有关。据说二人少年时期都曾拜蔡松年（金代文学家，河北正定人）、刘瞻（著名的田园诗，安徽亳州人）为师，学成之后，二人皆以才华超群并称“辛党”。党怀英系宋初名将党进的第十一代孙，其父党纯睦，曾任泰安军录事参军，后死在任上，从此家道败落。当金兵南下，山东济南沦陷之后，辛弃疾只想投戎抗金，而党怀英则一心想考取功名，党邀约辛一同赴北京赶考科举，辛碍于师兄相邀的面子，只好勉强同意，但辛弃疾根本无心考试，每天在燕京城里到处乱跑，并将城里的街道和重要军事设施一一标记下来绘成图（相当于地图）。科考结果自然是党怀英中进士甲科，后出任莒州军事判官，而辛弃疾则名落孙山，党怀英想将辛弃疾留在身边做事，辛弃疾不从，只得决定用占卜来问去留，党怀英得“坎”卦，便留下来仕金入朝，最终成为一代名臣；辛弃疾得“离” 卦，回乡后率众起义，归宋抗金，力图恢复中原，二人从此分道扬镳，走上了不同的政治道路。据传后来南宋政权所用京城地图即为辛弃疾所绘，深得宋徽宗欣赏。也正因为有了不同的政治选择，党怀英成了卖国求荣的反面典型，而为汉人所不耻。相反，辛弃疾壮志报国反而成为爱国的典范，而名垂青史，为众人所知晓的原因之一。但不管怎么说，党怀英在金章宗明昌时期，文章和书法皆为当时第一，誉为金代文坛盟主，对金代文学的发展曾产生一定影响。当时，金代著名文学家赵秉文曾赞誉他的文章可比北宋欧阳修，诗可比两晋时期的陶渊明、谢灵运，其篆籀书法之出神入化，是继唐代李阳冰之后唯一之人，可见，党怀英的“文坛盟主”之称并非虚名，曾著有《竹溪集》三十卷，只可惜已失传。但不管怎么说，透过泰和钱上精美的钱文可见，党怀英的书法确实精美绝伦，不愧为大家之笔法。

金卫绍王为金朝第七个皇帝，在位五年，为人优柔寡断，忠奸不分，没有安邦治国之才，最终导致杀身之祸。曾于崇庆元年（公元1212年）铸行“崇庆通宝、元宝”钱。通宝钱有小平、折二两种币值，元宝钱仅见折五钱篆书一种，传世极少。据传现存世仅一枚，实际上据了解目前全国保存有五六枚真品，现国家博物馆有珍藏。卫绍王于两年后（即至宁元年公元1213年）又铸有“至宁元宝”钱，实物仅见折五钱一种币值，目前，仅有一枚折五型铜钱孤品存世。

崇庆钱和至宁钱存世不多有其内因，也有其外因。内因是卫绍王使用这两个年号时间都不长，崇宁仅用两年不到，而至宁年号仅用了一年，加之，卫绍王本人又十分节俭，反对王公贵族铺张浪费，其所铸钱量并不丰，大多沿用前期旧币，此两币仅作为新元更始的纪念之用；外因是胡沙虎（时任拱卫直指挥使）于至宁元年八月杀卫绍王后自立为帝，对这两种钱进行了封杀和销毁，导致存世罕见。本人藏币之初，曾在天津蓟县古文化街得此一枚“至宁元宝”折五钱，当时那份兴奋无以言表，后细细品鉴为高仿品，其以假乱真程度，确实迷惑了眼睛，因此，现市面上的至宁大钱皆为伪品，切不可信以为真。

金宣宗时期是金朝彻底衰落的历史转折点。宣宗即位之时，正值蒙古大军进逼中都，面对蒙古军队的强大攻势，金宣宗放弃抵抗，采取厚贿投降议和的办法以求自保。由于向蒙古进献了大批金银钱财，使国库一贫如洗，不得不于贞祐年间（公元 1213—1217 年）铸行“贞祐通宝、元宝”铜、铁钱，以资国需所用，该钱是为配合“贞祐宝券”（纸钞）而发行，铸量均不大。通宝钱有小平、折二、折三共三种币值，其中折三型为铁钱，极罕见。元宝钱仅见小平钱一种，现为存世孤品于日本。

据说该钱的发现更富有传奇性，首现于印尼巴厘岛，疑为移居海外华人带入。为日籍华人平岛春水（原名郑添旺，祖籍台湾省台中市人，经营集币多年）大约在上世纪七十年代末，听说巴厘岛上发现有大量中国古钱，于是出资购下十余吨，并在当地培训 6 人专门检选古泉异品，其中，就发现了这枚“贞祐元宝”小平钱。贞祐钱也是金朝三大珍币之一，其余两品为崇庆钱和至宁钱。

此外，金朝在灭掉北宋以后，还曾扶植了一个大齐国，刘豫自称为大齐皇帝，取年号阜昌，曾于阜昌年间（公元 1131—1137 年）铸行“阜昌元宝”小平钱、“阜昌通宝”折二钱和“阜昌重宝”折三钱，此三品均为真、篆书对钱。大齐国在金朝羽翼下虽仅存七年，但所铸钱币却清秀娟美，比一般北宋钱精整，是难得的泉藏精品。本人曾在山西太原得此小平钱一枚，目前，市面上通宝和重宝钱仿品较多，大家不要轻信。

金代　阜昌元宝

金代　阜昌通宝

这里不得不重提一下大齐国的由来。宋金战争初期，金朝最初的目标是将赵宋皇室的合法继承人斩草除根，然后扶持一个傀儡政权，成为金朝的藩属国，构成金宋之间的缓冲屏障。当时，新兴的金朝感到自己还没有力量控制诸大的中国，因而先是立北宋降臣张邦昌为皇帝，张邦昌只做了 32 天皇帝后便请辞，继而金国又立刘豫为“儿皇帝”。

刘豫原来在宋朝任济南知府，后降金朝，受命管辖山东、河南等地。建炎四年七月，金朝册立刘豫为“大齐”皇帝。刘豫深知，只有与南宋为敌才有存在的价值和自己的活路，因此，宋金战争其实就是宋齐之间的一场战争。从南宋绍兴四年至七年间，刘豫先后两次大举南侵，均遭到南宋如岳飞、韩世忠等抗金名将的有力抵抗而惨败。由于刘豫在宋齐战争中一再失利，金朝感到伪齐不但不能成为金宋之间的缓冲屏障，反而成为金朝甩不掉的累赘包袱，加之，金朝也摸索出统治中原的有效形式，便渐生废掉伪齐的念头。金熙宗于公元 1137 年废除大齐国和刘豫，在汴京设立行尚书台，治理河南、陕西地区，刘豫仅了八年儿皇帝，却与历史上的石敬瑭(后晋高祖，此前为后梁名将，因 936 年起兵造反，割让燕云十六州献给契丹，并甘做“儿皇帝”，被世人唾弃）一样，成为中原遗臭万年的历史罪人。

金哀宗为金朝末帝，25 岁登基，在位 10 年，分别用了正大、开兴和天兴三个年号，因其一生有“力挽狂澜，复兴大金”之志，对强大的元朝进行顽强作战抵抗，直至最后以身殉国。泉史上认为其一生只发行过纸币，未曾铸过铜钱，但近年来，我们也常发现一些与其年号相仿的“正大重宝”银钱、“天兴元宝、宝会”等小平钱，因史无记载，成为泉界争论的一大疑案。

据我个人分析判断，金哀宗铸钱应为真。论据为以下三点：一是自海陵王（金朝第四位皇帝）贞元二年（公元 1154 年）起发行“交钞”行用之后，正隆三年又开始大量铸钱作为辅币与“交钞”并用。此后几位皇帝一直延续到宣宗时期，均有铸钱的先例，虽不是所有年号都曾铸钱，因金境内铜矿贫乏，而白银始终贯穿于整个朝代，虽以行用“交钞”纸币为主，但铸量不多的铜、铁钱仍作为辅币行用，尤其是到了宣宗时期，金对元称臣，每年要向元交纳大量的岁贡，导致财政吃紧，所以宣宗在任期间既铸有铜、铁钱，又发行“贞祐宝券”“兴定宝泉”“元光重宝”等多种交钞，以资国需，而这一现状哀宗即位后也没有废止，相反，哀宗更有重振大业之心愿，必然会筹措资金用于对元宣战，所以在其即位之后，铸新钱是必然的，既要表达自己的政治形象，又要准备充足的军费开支，现今所见的“正大重宝”大银钱，就是最好的例证，很可能就是当时象征性发行的纪念币，用于对大臣和军队官员的行赏之用，只不过因铸量少而未曾记载入史；二是哀宗在位长达十年，先后共用了三个年号，“正大”用了 9 年，“开兴”用了 3 个月，“天兴”用了 3 年不到，按照以往铸钱的贯例，既有时间，也有条件来铸钱，如果一生未铸钱，那么天兴二年也就不会发行“天兴宝会”交钞了，而现今市面上的“天兴元宝”铜、银钱出现的版别还不少，那又会从哪里来？况且，无论版式还是特征皆与此前金钱绝无二样。三是亡帝后补现象也不成立。在我国铸钱史上，曾有这样一种现象，即前帝在位时未铸钱，而后世出现的前帝年号钱都由继任者来补铸，以示纪念，但哀宗是金末帝，为元灭，后无来者，不可能再出现补铸的现象。终上所述，哀宗铸钱有理有据，事实胜于个别泉家的一人之言，只不过天兴钱受金末战争和经济萎靡的影响，发行时间短，铸量不多而已，世人现已难得一见，偶有发现，也超出了泉家早先的预期罢了。

元朝钞“重”铜钱轻

元朝是中国历史上第一个由少数民族建立的大一统皇朝。由蒙古族元世祖忽必烈于公元1271年所建，定都大都（今北京市），元朝的铜钱相比历史上任何一个朝代都铸造的少，主要是元朝盛行使用宝钞（纸币）和银锭，铜钱的行用处于从属地位。

元朝为何逆前朝之钱制，独行宝钞之风呢？据陶宗仪《辍耕录》记载：元世祖忽必烈曾经想沿用中原地区的汉制铜钱，但大臣刘文贞（时任太保）劝说，“铜钱乃华夏阳明政权之用，而我起于北方草原地区，属于幽阴之地，不能和华夏阳明之区相比，较适用纸币。”忽必烈认为有理，便决定用纸钞而不用铜钱了。这种说法虽有据可查，但太过于牵强附会。据我个人分析理解，元朝的前身为大蒙古汗国，是以蒙古族为主体的游牧民族，因大多数牧民过着随草而居的生活，大部分时间都在马背上度过，素有“马背民族”之称。其民间行市也大都采用以物换物的方式进行交易，货币作用不明显。直到大蒙古汗国建立之后，城市的建立和手工业的发达，这才加速了对货币的认识和使用。加之，逐步强大起来的蒙古汗国统治者，又实行对外扩张的政策，通过三次西征，国土面积已成为横跨欧亚大陆的庞大帝国，更加速了对货币化统治的认识。忽必烈掌权之后，对外扩张的势头并没有减速，在灭掉西夏和金朝以后，仍继续南侵，欲求以武力统治整个中原。面对如此幅员辽阔的疆域和巨大的战争开销，再像前朝那样铸铜钱来统一币制，数量庞大，而且受矿产资源贫脊的影响，铸币根本满足不了社会所需。况且，军队作战携带大量钱资负重，反而不利于行军作战。相比较铜钱而言，纸币不仅制币成本较低，而且也有利于行军打仗。因此，行用纸币既方便携带，也不需要投入巨大的战略资源，这才是真实的国情所需，而刘太保的劝言只不过是想假借其说，以增强劝谏效果而已，不可偏信当真。

正是由于上述原因，加之此前受宋金交子使用较为普遍的启发和影响，元朝纸币制度运用相对成熟，形成了较为完善的“宝钞”管理和行用制度。据典籍史料考证记载：元朝纸币为长方形（约长25厘米、宽17厘米左右），面文上方为“XX通行宝钞”，有汉文九叠篆书与蒙文（即八思巴文，藏语“圣者”之意，是元世祖时期由“国师”八思巴创制的蒙古新字，世称“八思巴蒙古新字”，八思巴文是古代的“国际音标”和“世界语”，它的创制推广在一定程度上推进了蒙古社会的文明进程）并注，面币正中为币值数额，分一贯、二贯、十文、二十文、五十文、一百文等各种币值，下方为印钞单位、监官名称、发行时间三项内容，同时还印有禁伪等提示语。

元朝宝钞主要有“中统钞”“至元钞”“至正钞”三个时期的不同版本。其中，第一时期的“中统元宝交钞”是元世祖中统元年（公元 1260 年）发行的纸币，有“交钞”和“元宝钞”二种。“交钞”为中统元年始造，钞质为丝，同年十月出“元宝”纸钞，是现存最早由官方正式印刷发行的纸币实物（宋代交子至今无实物可证），也是币值最稳定一种交钞，一直行用至元末。这种宝钞从发行之初，就以白银为本金，任何人持中统钞都可按银价到官库兑换成白银，且不受区域和时间限制，每两贯可兑换白银一两。从至元二十二年（公元 1285 年）起，全国禁用银钱市货，“中统元宝交钞”成为国内唯一合法的流通货币。第二个时期的“至元通行宝钞”为世祖至元二十四年（公元 1287 年）完善币制改革以后开始发行，面值有二贯至五文不等，与中统元宝钞和交钞并行使用，此一贯当中统钞五贯，二贯当白银一两，二十贯当黄金一两计值。至元钞因由元朝尚书左丞相叶李所设计，也俗称“叶李钱”，也是元朝流通时间最长的纸钞，前后达 36 年之久。在这期间，由于元朝政权版图的无限扩大和用于战争消费的巨大损失，已造成了不可逆转的通货膨胀局面，虽经多次变革调整，但效果不佳，也算是元朝纸币发行和管理上的不足之处。第三个时期的“至正交钞”为元朝晚期顺帝于至正十年（公元 1350 年）实行纸币制度最后一次变革（即以政府强制通用的不兑换纸币流通，作为基本的货币制度）印造的“至正交钞”，又名“新钞”。其型制上与早期没有改变，只在原来“中统元宝交钞”上，加盖了“至正交钞”字样，因当时采取纸币和铜钱相辅发行的办法，一贯约为至元钞二贯，合铜钱一千文。由于恢复铜钱的使用和不可兑换性，反而加速了纸币的贬值，使得通货膨胀越发严重，直至宝钞法全面崩溃而终。

元朝在大量使用交钞的同时，也在不同时期发行过铜钱，但大多只用为辅币使用。元朝正式用于流通的货币铜钱主要有早期蒙古汗国时期铸的“大朝通宝”“大朝金合”和“窻（窗）国通宝”钱；金末元初时期地方铸的“交钞半分”钱；世祖中统年间铸的“中统元宝”、至元年间铸的“至元通宝”钱；成宗元真年间铸的“元真通宝、元宝”钱、大德年间铸的“大德通宝”钱；武宗至大年间铸的“至大通宝”和“大元通宝”钱；顺帝至正年间铸的“至正通宝”钱共计有11种。

“大朝通宝”钱为蒙古汗国在改称元以前称大朝时（公元1227年）以前铸的国号钱，钱文楷书直读，光背无文，有银质、铜质两种，均为小平钱，存世极少，铜质更罕见，属古泉五十名珍之一。“大朝金合”钱疑似宋代时期蒙古汗国铸币（铸年不详）有折三和折十两种，钱文篆、楷两体，铸量少，存世极罕，以上两币均带有纪念和行用之功。

“窸国通宝”或叫“窗国通宝”是成吉思汗之孙孛儿只斤·拔都建立钦察汗国（金帐汗国）后，简称为窸国，并在此期间铸行的国号钱，也带有纪念和行用之功，存世极罕。据《元史》记载：窝阔台汗（太宗）八年至十三年（公元1236年—1241年）拔都等皇族成员领军西征，先后入侵钦察、俄罗斯、波兰、匈牙利等地。公元1242年，窝阔台死讯传来，拔都率军东还，在窝瓦河下游东岸的萨莱城建立黄金帐（蒙古大汗之居所），自称钦察汗国，为大蒙古帝国的四大汗国之一，位于俄罗斯咸海和里海北部，占有东欧和中欧大片地区，由拔都及其后裔管理，并发行了货币。由于该货币大多行用于现今中、东欧洲地区，只有极少钱被携带进入我国，故市场上极罕见。

“交钞半分”钱为金末元初地方官铸币，面背四决，钱文八分书（出处不详），曾在上世纪三十年代首现一枚，罕珍。此钱系元建国前地方官员（经中央允许）为方便与金、宋商贸交流所用，是为金代末期交钞的辅币之用。

“中统元宝”钱是世祖中统年间（公元1260--1263年）所铸行的蒙古汗国钱币，钱文楷、篆二体，俗称为对钱，分直读和旋读，存世极少。该钱应为蒙古汗国时期为方便与金朝的榷场交易而铸行的通用货币，后随着金朝灭亡和交钞的行用而停铸。

“至元通宝”钱为世祖元廿二年（公元1285年）铸汉、蒙（八思巴文）两体小平至折三钱，共有大小六个品种，也是元朝第一种正式用于行用的辅助货币，现存世也不多见，常见后期顺帝铸品。

元代　至元通宝

“元真通宝、元宝”钱是成宗元贞年间（公元1295-1297年）铸行，钱文有汉、蒙文两种版式，汉文楷书，直读，有小平、折二两等，蒙文钱为折三型。光背无文，制作清陋，文字多不清。元宝钱为折二钱，制作疏漏，存世罕见。

元代　至元通宝（八思巴文）

“大德通宝”钱为成宗大德年间（公元1297年—1307年）铸，钱文分汉、蒙两种文体，汉文楷书、直读，有小平钱、折二、折三等，蒙文为折三型，光背无文。官铸钱文字规范，深峻厚重，比较少见，小型为供养钱。

元代　至大通宝

“至大通宝”钱为武宗至大三至四年（公元1310—1311年）铸，钱文楷书直读，有平钱、折二、折三等，边廓峻深，光背无文，一文可兑换大银钞一厘。现小平多常见，折二较稀见。

“大元通宝”钱为武宗至大二年（公元1309年）铸，非年号钱，有汉文及蒙古文两种，版式繁多，大小厚薄不均匀。折十蒙文的发行量比较大，较为常见，汉文“大元通宝”分大小两种，均罕见，小型尤少，皆为古钱珍品。

元代　大元通宝

“至正通宝”钱是顺帝至正十年（公元

元代　大元通宝（安南铸）

元代　至正通宝（小钱）

1350年）始铸，有小平、折二、折三、折五、折十等型，钱文端庄秀丽的汉字楷书，背穿上记年或记数用蒙文，以背穿下有无汉字记数可将至正钱分为三大类，地支记年钱，穿下无汉字，穿上蒙文为寅、卯、已，午五个地支记处字，所记为至正十至十四年，每一记年均有小平，折二，折三共三等，俗称“五年三等十五品”。此“十五品”为元钱中最精美的钱币，另有蒙文穿上记值为折三，折五，折十，三种，并且部分钱币背面铸有八思巴文，因铸造量丰，目前，市场上较为多见。

综上所述，就不难发现，元朝纸币在整个元代经济社会中占有绝对主导地位，特别是纸钞的大范围推广和使用，一改我国古代历史上铜钱独大的霸主地位，这为后世现代纸币的发展、改进和管理，提供了有益借鉴和历史宝贵经验，元朝“钞重币轻”（纸币为主，硬币为辅）的现象也延续至今，贯穿于我们日常的经济生活之中。

大元多出供养钱

元朝铸钱有一个独特现象，即多数年号铸币钱并非主要的行用钱，而是多为供养钱。所谓供养钱，即寺观里专用于信徒供奉的香火钱，也称“供佛钱”“庙宇钱”。此类钱一般制作粗疏，形体偏小（比平钱还小），铜色以深红及浅红者居多，供养钱也有偏黄色，不作为主要货币参与社会流通，所以铸币量有限，传世也不多见。

目前泉界公认最早的供养钱为北宋“淳化通宝”金质背双佛钱，该钱为宋太宗专供五台山礼佛之用。据说北宋太宗太平兴国四年（公元 979 年），宋太宗赵炅率军收复山西时，有占卜者进言，“有菩萨保佑，五月初五，不战可胜”。果不其然，在端午节这天，宋军兵马未动，北汉政权宣布降宋，从此结束了五代十国分裂的局面。太宗皇帝惊叹是“五台山佛祖显灵”了，遂从左藏库提起千万钱，用作修建五台山太平兴国寺等十座寺庙。后有民间传说，“千枚金币埋塔下，于情于理香火中”，此话在 1988 年春得到了验证。据当时的报道称：河北保定平山县民工在山西五台山 3600 米高的中台翠岩峰重修珠光宝塔时，在塔基下出土了 1340 枚“淳化通宝”金质供养钱（史料记载为 2035 枚，因出土时遭哄抢，后大部被追回，仍流失 695 枚）而震惊世界，如有幸者，或许还可以在民间能得到此钱一枚。

在历史上，以元代供养钱居多。这是因为蒙古族大多有信教传统，早期信奉萨满教，后来由于西藏喇嘛教宁玛派首先在蒙古族统治阶级内传播发展，并在元世祖的倡导下得到空前光大，到清末时期，内蒙古的喇嘛教寺庙约有上千座，故内蒙古素有“殿宇雄伟，比拟佛国”之称。由于宗教有教化寓民之功，尤受元朝廷尊尚，也为供养钱在元朝盛极提供了条件。元代供养钱与纪念钱相比，明显的不同之处，还在于它可依钱的大小与市场上流通的铜钱折算兼行，按市值交易也行用无阻。

元代　元贞通宝
（供养钱）

元朝供养钱最初为公元 1260 年元世祖忽必烈开铸“中统元宝”供养钱，以后历代，绵延不息。仅年号钱而言，成宗元贞年铸“元贞通宝”供养钱；大德年铸“大德通宝”“大德元宝”和“大德元年”供养钱；武宗至大三年至四年铸“至大元宝”供养钱、至大三年铸“大元元宝”“大元之宝”供养钱；仁宗皇庆年间铸“皇庆元宝”供养钱、延祐年间（公元 1314 年—1320 年）铸“延祐元宝”“延祐通宝”“延祐贞宝”和“延祐三年”供养钱；英宗至治年间（公元 1321 年—1323 年）铸“至治元宝”“至治通宝”供养钱；泰定帝泰定年间（公元 1324 年—1327 年）铸“泰定元宝”“泰定通宝”以及致和元年（公元 1328 年）铸“致和元宝”供养钱；文宗天历年

元代　皇庆元宝
（供养钱）

间（公元1328年—1329年）铸“天历元宝”和至顺年间（公元1330—1332年）铸“至顺元宝”“至顺通宝”供养钱；宁宗（公元1332年）至顺三年铸“至顺壬申”背太乙、背护圣供养钱；顺帝元统年间（公元1333—1334年）铸“元统元宝”及至元年间铸“至元通宝”“至元元宝”“至元戊寅”，至正年铸“穆清铜宝”背“至正”供养钱等。非年号钱有“道经师宝”“承华普庆”等供养钱，真可谓琳琅满目，异彩纷呈。

这里有一个值得注意的地方，有人认为短命皇帝宁宗在位还不到一年，未铸钱，上面又怎么出现了宁宗至顺三年，而且有铸钱，这是否与历史史实不符呢？据我个人分析，文宗“至顺”年号仅用了三年，便于至顺三年八月去逝，文宗临终前为了洗刷他毒死哥哥（元明宗）的罪行，下诏让明宗之子懿璘质班继承皇位。当年十月，懿璘质班即位，年号延用“至顺”未改，是为宁宗，可惜宁宗在位仅43天就患绝症死去了，享年7岁。似乎没有铸钱的可能，或者可以忽略不铸钱，但事实果真如此吗？我个人却不这样认为，因为文宗在位时改至顺年号时已按惯例铸了“至顺元宝”“至顺通宝”供养钱，在没有新年号出现之前，是不可能再铸与之有别的新钱。特别是钱币具有代表皇帝权力的象征意义，没有特殊情况，是不可以随便乱改乱加其他文字标注的，除非有重大事件发生，需要在钱文上标注以示纪念，才有可能出现钱文上的纪年或纪事现象，反观文宗至顺三年除了死讯以外再无大事，况且死讯一般不在钱币上体现，文宗帝的死也不可能出现这样的特例。再看宁宗，即位时的新年号一般都在次年初开始启用，之前仍是先皇帝的年号，可宁宗即位后仅43天即暴亡，只能延用“至顺”这个年号，加上有新皇帝即位必铸新钱的传统，为有别于前期文宗的“至顺”钱，这才特别加注背纪年，而公元1332年的干支就是壬申年，故铸“至顺壬申”（背太乙、背护圣）供养钱，都有祈福上天保祐幼主之意，因此，可以肯定此钱必为宁宗时期所铸。历史可以不留记载，但事实应得到尊重。可以这么说，从钱币小小的变化上，也为我们解开了一段历史悬案。

元朝供养钱现已多不见，特别是元末时期，中原农民起义军在各地纷纷揭竿而起，所到之处，皆以自铸新钱来代替旧币，而早先流散于民间的供养钱，多不敢私藏，大多销毁或上缴义军化铸，所以在现今的中原地区，此类钱已很难一见，实为收藏之一珍。

元末义军也铸币

元朝末期，因统治腐朽，经济崩溃，黄河决口，灾害连年，中原地区农民无法生存，掀起了大规模的反抗斗争，据相关统计，元末农民起义是我国历史上起义数量最多的一个朝代。

早在元泰定二年（公元 1325 年），河南息州赵丑斯、郭菩萨的起义，提出了“弥勒佛当有天下”的口号，揭开了元末农民起义的序幕。从此之后，元末大大小小的农民起义一直不断，据有文字可查的农民起义就有顺帝至元三年（公元 1337 年）广东朱光卿、聂秀卿以“定光佛出世”之名组织起义；同年，河南棒胡又举行了起义，史载：“棒胡烧香聚众，起义者举弥勒小旗”反元统治。至元四年（公元 1338 年）江西彭和尚、周子旺在袁州起义，起义农民五千余人，“背心皆书佛字”。到了至正初，小规模起义、暴动已遍及全国，仅京南一带的起义即达三百余起。

在元末农民起义中，颇具规模和影响的大起义主要有两支队伍：一支队伍是元至正十一年五月（公元1351年）爆发的红巾军大起义，红巾军，又称作红军，是元朝末年起来反抗元朝的主要起事力量，最初起于北方，以韩山童、刘福通等为首领，宣传弥勒下世明王出世等教义，是与明教、弥勒教、白莲教等民间宗教结合所发动的，因打红旗，头扎红巾，故称作“红巾军”或“红军”，又因焚香聚众，又被称作“香军”。在红巾军的影响下，全国各地农民纷起响应，声势浩大，人数较多的有蕲水（今湖北浠水）的徐寿辉部、萧县（今安徽萧县西北）的芝麻李部、南阳的布王三部、荆樊的孟海马部、濠州（今安徽凤阳东）的郭子兴部等。郭子兴死后，其女婿（养女马氏）朱元璋统率其部战无不胜，所向披靡，最终推翻大元政权，建立了新的大明王朝。

另一支为至正十三年泰州张士诚在高邮发动的农民起义，并在苏州等地区建立政权，控制了江南吴越大片地区。

面对众多的农民起义，元政权束手无策，只能对起义军更加仇视，元丞相伯颜等人曾提出了要杀绝汉人张、王、刘、李、赵五姓的主张，同时又重申汉人不得执兵器，不得执寸铁，并且下令北人殴打南人不许还手报复等，这些禁令的实施，更激发了反抗的火焰，反抗蒙古统治者的各种各样的民谣民歌到处传播。如“塔儿白，北人是主南是客。塔儿红，南人来做主人翁”；“堂堂大元，奸佞当权，开河变钞祸根源，惹红巾万千”；“天雨线，民起怨，中原地，事必变”；“莫道石人一只眼，挑动黄河天下反”。这些民歌民谣都强烈地反映了当时日益激化的民族矛盾和阶级矛盾，元末红巾军大起义正是民族矛盾与阶级矛盾的总爆发，红巾起义爆发以后，一时“贫者从乱如归”，不出数月，黄河长江及两淮之间，到处出现揭竿起义的旗帜。

在这些起义中，有的不仅影响面广，而且规模空前，更铸有自己的政权货币。其中，具有代表性的有：韩山童之子韩林儿自称小明王，在亳州建立政权（公元 1355 年—1366 年），取国号为宋，并铸有“龙凤通宝”钱。该钱有小平、折二、折三三种光背钱，铜赤如金，钱体浑朴，文字遒美，传世甚罕；张士诚自称诚王据高邮，取国号大周，后占据苏州等地后（公元 1354 年—1357 年）铸有“天佑通宝”钱，据传因江南铜材奇缺，并以寺庙毁铜佛像来铸钱，有小平、折二、折三、折五四种，背有一、贰、叁、五篆文纪值，传世不多，加之后期明王朝建立后，明太祖朱元璋的搜缴销融，现存传世品较少；徐寿辉据汉阳后（公元 1358 年）铸“天启通宝”钱，“户”头上一点为一连笔一横，也是区分明朝天启钱的关键之处，有小平、折二、折三三种光背钱，传世不多，后迁都江州后（公元 1359 年—1360 年）又铸“天定通宝”钱，有小平、折二、折三三种光背钱；徐寿辉部将陈友谅据江州（国号汉）后（公元 1360—1361 年）铸“大义通宝”钱，有小平、折二、折三三种光背钱，铸量较丰，传世略多；徐寿辉旧将明玉珍据成都（国号夏）后（公元 1363 年）铸“天统通宝、元宝”小平钱，分别为楷书和篆书钱，据说存世仅各一枚；朱元璋据应天府（南京）称吴王后（公元 1361 至 1367 年）铸“大中通宝”钱，有小平、折二、折三、折五、折十五等，背面有各省的局名，计有北平、豫、济、京、浙、福、鄂、广、桂等，每局有五等，小平钱背面多只有局名，折二以上钱还有数目字，如广西

元代　大义通宝

元代　大中通宝

元代　大中通宝（俗称“大肥腿”）

元代　大中通宝（俗称“大脚”）

铸的折二钱则为桂二，福建铸的折三钱则为三福。大中钱从元至正二十一年起开始大规模发行，直到公元 1368 年朱元璋建立明王朝之后，改元洪武，铸行“洪武通宝”钱后才停造，量丰较常见。

元末农民起义军铸币存世历史虽不长久，因大部分钱铸造精美，且价值很高，素为泉界青睐，目前，市面上除大中钱外多数钱已不太常见。

明清戏说

一波三折明“洪武”

明朝（公元 1368 年—1644 年）是中国历史上继元朝之后的又一个大统一的王朝。公元 1356 年，朱元璋渡江攻下集庆（南京），就将集庆改名为应天，取意顺应天命，以此来推翻元朝。后于公元 1368 年正月初四在应天称帝，史称明太祖，定国号为“大明”，建元洪武，开启了明王朝长达 277 年的统治。朱元璋为了巩固统治，励精图治，发展经济，提倡文教，使得天下大治，所以后世史学家称其为“洪武之治”。

洪武元年，明太祖朱元璋命京城工部宝源局及各省宝泉局铸行“洪武通宝”钱，除少数几个省份铸钱外，其余各省都没有开炉铸钱，年铸钱量也不多，大约为十九万贯左右，其中，铸量最多的一年当数洪武五年。朱元璋为避讳元朝的元字，把所铸之钱一律叫通宝而

明代　洪武通宝（早期平头通）

明代　洪武通宝（早期三角通）

不叫元宝钱，并延袭“大中通宝”钱的钱制，将洪武钱分为五等，规定小平钱，每文重一钱，折二钱重二钱，当三钱重三钱，当五钱重五钱，当十钱重一两。洪武《铸钱则例》规定，铸钱应用生铜，由于明初大力恢复生产，各项支出庞大，加之，明朝初期铜料极端缺乏，所铸钱大都用普通废钱和旧铜铸造，因铜质复杂，纯度不一，而造成“洪武通宝”成色不一的情况。到了洪武八年（公元 1375），因所铸铜钱远远不能满足市场需要，不得不于三月，借鉴元代实行的纸币制度，印制“大明宝钞”（共分一百文、二百文、三百文、四百文、五百文和一贯，计六等）与铜钱并行使用，以纸币为主，铜钱为辅。由于当时纸质较差，纸钞难以耐久，况且明代纸币只发不收，致使市场上流通的纸币越来越多，宝钞泛滥成灾，发行当年就出现了严重的通货膨胀，贬值极快，民间纷纷弃之，从而使宝钞的发行和推广以失败告终。洪武十年，只能再次恢复宝源局与各省钱局开铸铜小钱，但此时的小钱仍是作辅币使用，主币主要改以白银为主，一般交易大数额用银，小数额用钱，白银和铜钱成为当时货币的主体。

由于白银保值不贬值，而且凿银很便利，渐渐地老百姓普遍使用碎银作小额支出，而大量劣质铜钱却不受青睐，反而又造成了铸币成本支出的巨大浪费，又不得不与洪武二十年（公元 1388 年）后停铸铜钱。但随着“洪武之治”盛世的到来，社会经济得到了空前发展，银的使用又受到了制约，主要是因为我国不是白银的主产国，大量白银需要海外进口，但明初时期又实行严格的“海禁”制度，根本不可能有外银进入，这就又促使人们对铜钱加以重用，于是在洪武二十六年（公元 1394 年）七月对原有钱制进行改革，重新铸五等钱，分别为小平、折二、折三、折五、折十钱，小平钱每文重一钱两分，其它四等钱，依照小平钱之重递增，并且只准京师宝源局铸钱，其它各省停铸，仍与宝钞并行使用，可是新钱出炉还未满月，宝钞流通又再次受阻，老百姓宁可持铜钱也决不收纸币的现象，使新铸铜钱反而成了民间私藏之物，根本起不到流通的作用，国库出现入不敷出的困难局面。朱元璋万般无奈之下，只得再次禁止使用铜钱，强行推行纸币，洪武钱这才退出了行用的历史舞台。

明代　洪武通宝（中期夹铅锡）

明代　洪武通宝（后期字口不清）

洪武钱虽经历一波三折的厄运，但在二十多年间，铸造量还是较为丰足，现今我们所能常见的“洪武通宝”钱版式较多。据《武陵藏珍》介绍，有四类六十一种，现存世可见者五十八种之多，主要分为四个方面：

一是背“记局名”钱多而杂。钱背面计有背京（应天）、北平（洪武元年八月改大兴府为北平府，二年，北平行中书省）、鄂（湖北省）、浙（浙江省）、济（山东省）、桂（广西省）、福（福建省）、豫（河南省）、广（广东省）等九种，各有小平、折二、当三、当五、当十五等。其中，背“桂”小平钱有穿上桂和穿上下“桂一”两种，实际为四十六种。小平钱至折五的四等记局名大多铸于穿上，仅背福、豫者字在穿下，背广者字在穿右。而背福钱为后期所铸、背鄂、背广钱为弘治年间始铸，与历史和实物有疑，待考。在目前市场上，背 京、济、鄂等字样钱较少见。

二是光背钱掺杂其间。从现存的资料钱谱来看，除光背当十大钱外，其余四等钱都有光背钱存世，特别是小平光背钱的版别非常多，也是较能常见的钱。据我分析，光背钱应为各省停铸后，只准京师宝源局铸钱期间而出的钱，因没有各省铸币之分，才出现光背现象。

三是背“记值”钱景上添花。这种钱是将记值文字一、二、三、五、十等数字铸于钱背上方（穿上）。目前，存世所常见的有背三、五、十等三种。此外，还有背记局名“当十钱”皆加铸“十”字以记值。再有，背桂、广、福之折二、折三、折五三钱，亦加铸二、三、五记值文字。广西所铸的小平钱还有两种背文，一种是穿上一个“桂”字，另一种除穿上的桂字外，穿下有一个“一”字，也是标明纪值之用。

四是背“记重”钱定衡制。是指钱背穿右各有一钱、二钱、三钱、五钱和一两等纪重文字。规定百分之百用铜，生铜一斤铸小平钱一百六十枚，折二钱八十枚，折三钱五十四枚，折五钱三十二枚，当十钱十六枚。当时，一斤为十六两，钱如其重，当十大钱则除穿右记重“一两”外，穿上加铸“十”字以记值。记重钱应为洪武二十六年恢复五等钱制后，“诏更定钱样”所铸的新钱。纪重钱的出现，不仅统一了全国货币，也结束了元末以来币制上的混乱状态，对促进当时社会经济的发展起到了积极的作用。

洪武钱虽存世很久（行用达四十一年），但由于铸局不同，所铸五等钱径、重量大小都不一样，即使同局所铸，也有差别。特别是各等钱铸额大小与存世量多寡相差甚远，从而出现了有的钱多与有的钱少的现象。如：洪武通宝背京小平与折二；背桂三、桂五；背广三、广五记局名钱与背穿上三记值钱，皆极罕见。此外，背京折三、折五；背鄂五等钱；背济小平、折二、折三、折十；背桂二、桂十；背二福、三福；背大字五福；背广、广二、广十；背北平折二、折三、折五、折十；背豫折二等记局名钱和光背当三钱、背穿上五记值钱等品种，都是目前罕见之品。

洪武钱虽经历不平凡，但毕竟是明王朝开国所铸的第一钱，或许是朱元璋是平民皇帝出身的缘故，对经济规律的把握不够好，才使得洪武钱一会儿开铸，一会儿又停铸的乱象，这在钱史上是少有的事情，也为后人学习和研究经济规律，提供了生动形象的活教材，为后世更好地把握经济规律，服务日常生活，提供了经验和借鉴的凭证。

明钱“永乐”海外传

明代　永乐通宝
（大水永）

明朝建立初期，由于刚刚经历过战乱，农民流离失所，土地大量荒废，雄才大略的朱元璋采取“重农抑商”的治国之策，不断缓和社会矛盾，恢复农业生产，强化社会秩序，使得明初经济很快得到复苏，确实达到了“洪武之治”的效果。遗憾的是作为贫民出身的太祖皇帝目光短浅，只重视内陆地区的经济发展，不重视沿海地区的对外通商活动，实行严格的大明海禁政策，从而抑制了对外商贸经济的发展，反而造成了农业经济长足发展与财政税收不协调的拮据局面。

相反，明成祖朱棣在对侄儿惠帝发动“靖难之变”夺取大明政权之后，一改朱元璋时期的清廉政治，将都城迁到自己的老巢北京（登基前时为燕王）大兴土木，扩宫建殿，花钱无止境，坐吃山空，将用于抵钞之用的库封白银也如数花光，引得物价突飞猛涨。仅拿当时老百姓赖以为生的白米价格来说，有史料数据称，当时的一石白米的价格已从洪武初年的一贯钱飚升到五十贯钱，民怨弗止。为彻底扭转国库空虚的局面，朱棣一方面采取对洪武、建文两朝政策的调整，提出“为治之道在宽猛适中”的原则，以促进政治、经济、军事、文化等方面的全面发展，为“永乐盛世”的形成提供了充足的政治和组织准备。另一方面，一反明初闭关锁国的海禁政策，实行“怀柔四方”的对外开放政策，加强海外贸易活动，既展示大国实力，也赚取必要的物质财富。鉴于明朝行用纸币和白银为主要流通货币不为外人所接受的特点，于永乐六年（公元1408年）开铸“永乐通宝”年号小平钱（钱书法绝伦，铸工精湛，整齐划一，是中国货币史上精美的货币之一），并令郑和组成庞大的船队，七次出西洋实行海外交流和商贸活动（初始二次出海应为以展示大明国威为主，后期由于财力不足，兼顾贸易并重之举），从而夯实了“永乐盛世”的对外交往的经济和文化基础。由于海外贸易量的大增，到了永乐九年，又指定浙江、江西、广东、福建四个重要茶叶、瓷器、丝绸等主产地的布政司加铸“永乐通宝”钱，用于对外贸易和赏赐。“永乐通宝”钱也成为六百年前国际贸易市场上的硬通货，受此影响，有些国家还专门大量输入中国铜钱。如邻国日本就输入许多明钱，以洪武钱和永乐钱为最多，日本、越南还曾大量仿铸和使用“永乐通宝”钱，现在所能见到的“永乐通宝”背“治”“木”等钱，

明代　永乐通宝（分点永）

明代　永乐通宝（连点永）

皆为日本所铸。

或许有人要问，在现今泉币市场上，铸量之多的永乐钱为何不如宋钱或同期的洪武钱易得？这恐怕也与明初的货币政策有关。明初实行的仍是纸币和白银为主的通行货币，洪武钱一直作为辅币使用，这一政策直到明末都没有太大的改变，而永乐钱主要针对海外，国内行用得并不多，这也是海外较常见，国内反而少见的重要原因。

据明史及相关资料显示，三宝太监郑和自永乐三年（公元 1405 年）至宣德八年（公元 1433 年）的二十八年间，先后率领庞大的船队七次远航西太平洋和印度洋的诸多国家和地区，加深了大明王朝与东南亚和东非国家的友好关系。每次都携带大量的金银宝货（以永乐钱为主）、丝绸和青花瓷器进行相互贸易。《瀛涯胜览》记载：“爪哇国（今印度尼西亚爪哇岛一带）通用中国历代铜钱，旧港国（今印度尼西亚南苏门答腊巨港市）亦使用中国铜钱，锡兰国（今斯里兰卡）尤喜中国铜钱，每将珠宝换易”。正因为有如此需求量，在南海和国外很多国家地区都有大宗永乐钱出土发现。上世纪 70 年代在东沙、西沙群岛的水下考古中，郑和船队的沉船遗址里就发现有数量非常巨大的“永乐通宝”铜钱。如西沙群岛第一次清理古钱，约 8 万多枚，其中，“永乐通宝”钱就占到 5 万枚左右；第二次清理能看清文字的铜钱有 1995 枚，而永乐钱就有 1215 枚；在东沙群岛清理古钱时，发现明钱有大中通宝、洪武通宝、永乐通宝三种，其中，也以永乐钱居多。近年来，国外考古发掘中，也有大量永乐钱被发现。如 1930 年，日本学者入田整三对国内 48 处所发掘铜钱的数量分析统计，为 554714 枚，中国钱占 99.8%，其中永乐通宝有 29225 枚。时至当今，南中国海及环印度洋周边国家和地区，如肯尼亚、坦桑尼亚、阿曼、伊朗、斯里兰卡、印度、泰国、马来西亚等，都有出土“永乐通宝”钱的记录。正因为如此，明朝“永乐通宝”钱正如“china（瓷器）”一样被这些国家的人民所认同。

怀古思今，当今中国正以雄心勃勃的和平发展计划，重振当年东方大国的强国之梦，新的“一带一路”对外交往和互惠贸易蓝图，必将引领新的世界经济潮流在共同发展的大旗下，继往开来，一个以人民币为主导的新的世界经济秩序，必将像当年永乐钱一样名扬海外，为各国人民所拥护和欢迎。

大明后朝铸钱稀

明朝立国277年，先后出了16位皇帝，除惠帝（建文）、英宗（正统）、代宗（景泰）、英宗（天顺）、宪宗（成化）、武宗（正德）等7位皇帝均未铸钱（民间花钱除外，如有发现均为伪币或安南铸币），其余9个皇帝均铸有年号钱，但在明朝重钞轻币的年代，除大中、洪武、天启、崇祯四种钱的各品种留传下来稍多外，其它的如永乐、宣德、万历、嘉靖次之，而弘治、隆庆、泰昌钱铸量更少，泉界有“明钱收集甚难”之说。

据史料记载，宣德钱一共只铸了10万贯，宣德以后五十年间完全没有铸钱，直到弘治十六年才开始铸“弘治通宝”钱，但铸量也不大；“嘉靖通宝”钱每年仅铸十万贯左右；“隆庆通宝”钱当时只铸了一年多，户部进缴不过二百万文。万历朝以后，光宗（年号泰昌）因在位只有几个月，没有铸钱，少量“泰昌通宝”钱还系天启年间补铸；“崇祯通宝”钱品种虽多且杂，但崇祯元年年铸钱量也仅约 1.29 亿枚左右，整个明朝铸钱总数不过千把万贯，比起唐、宋时代铸钱量要少得多，仅多于元代而已。关于铸量少的原因，前篇已经说过了，这里不再重复，现仅介绍一下永乐钱后各钱的特点和存世情况。

明代　嘉靖通宝

“洪熙通宝”为仁宗洪熙元年（公元 1425 年）铸的小平钱，因仁宗在世仅做了一年多的皇帝就去世了，故此钱铸量不多，传世仅见二枚，为国宝级文物。据载：此两枚钱为泉藏名家张叔驯和罗伯昭各藏一品，其中，张氏一品已消迹多年，今不知流落何方；而罗氏一品后来已捐献给中国历史博物馆收藏。不过对此钱，泉界有不同看法，认为仁宗在位期间未铸此钱，该钱应为嘉靖年间的补铸品。对此，我个人也有不同的看法，至少“补铸说”不符合事实，众所周知，历代新皇帝登位改年号都有铸钱的惯例，除非皇帝即位后不铸钱或来不及铸钱。不铸钱无可非议，世间钱品皆为假，而来不及铸钱者后补铸的，历史有先例，明光宗泰昌钱就是一例，是由其子继位后补铸，以表先帝曾在帝位，而仁宗在位有一年多的时间，且做了大量的改革之功，后世所谓的“仁宣之治”即是表彰其历史功德，是有时间铸钱的，况且也确实有“洪熙通宝”钱存世，钱品也符合明朝钱制特征，即使该钱为补铸品，也应该是由继任者所为，而不应该相隔一百年后才补铸，所以该钱应为仁宗在世时所铸无疑。

明代　隆庆通宝

“宣德通宝”钱为明宣宗宣德八年（公元 1433 年）铸小平钱，宣德九年又令南京工部并浙江等布政司铸钱，铸量少于永乐钱，不超过十万贯，版别统一，“德”字偶有省去一横之品，称作“省一宣德”，较为少见，几乎每一枚都是精工制作，未见质量低劣者，现存世量已不多见。宣宗在位时国泰民安，郑和已七次下西洋，宣宗于八年铸钱，首因是仿成祖之举，拟为郑和第八次下西洋作物质准备，但未曾想，宣德八年（公元1433年）四月，在郑和第七次出使西洋的返回途中，病死于印度西海岸的古里，后来此钱改为国内“诏减税钞”，以平抑物价作补充之用，所以宣德钱还是有少量在市面可少见。

“弘治通宝”钱为孝宗弘治十六年（公元1503年）开铸小平光背钱，其中以大字光背版式比较少见，传世品有一枚当十大钱，可能是试铸样钱，制作不精，文字粗拙。从“治”字三点水旁的不同写法，可分为“连水治”和“分水治”两大版别，其中“分水治”较少见。前后铸期不足四年，加上各地所铸钱仅为计划的十分之一二，故存世量较其他明钱少。

明代　弘治通宝

“嘉靖通宝”钱为世宗嘉靖七年（公元1528年）始铸小平光背钱，嘉靖廿三年（公元1544年）工部又加铸折二、折三、折五、折十五等大钱各3万枚，除折十钱为纪值加纪重外，其余钱品都为纪值钱。嘉靖钱是中国铸币史上的分水岭，在此之前都是铜加锡铸法的青铜钱，而此钱及往后都是用铜加锌的铸法，俗称“黄铜”钱。

明代　嘉靖通宝

“万历通宝”钱为明神宗万历四年（公元1570年）铸，有小平、折二钱两种，光背钱比较多见，少数小平钱背有“工”“天”“公”“正”“江”“河”“厘”等字，其中“厘”表示值银一厘。背“河”“户”者极少见。折二钱铸量不多，制作精良，偶有背星月，此外还有极少量的银质“万历通宝”钱。万历钱版式虽多，但铸量也不大，万历元年初铸约为两万贯，万历十三年（公元1585年）增铸到十五万贯，万历二十年（公元1592年）又减为九万贯，总计铸钱不足500万贯，这里还包括私铸钱统计在内，因此现存世量也不多。

明代　万历通宝

“泰昌通宝”钱为明熹宗于天启元年（公元1621年）补铸的光宗小平钱和形似折二钱的宽廓大样钱，版本不多，有背月，背星钱，明熹宗铸“泰昌通宝”钱只一年，存世量不大，“心”字泰更为珍罕。明光宗朱常洛（公元1582年8月28日—1620年9月26日）为明朝第十四位皇帝，年号泰昌，在位仅一个月便驾崩，史称“一月天子”，未及铸钱，其子明熹宗于天启元年先补铸其父年号“泰昌”钱，后铸自己钱。朱常洛是明代传奇色彩最浓的一位皇帝，明宫三大疑案都与他有关。“梃击案”是指一个壮汉曾手持木棍闯入太子宫，准备行刺，好在被值班太监当场抓住，朱常洛才算躲过一劫，一个农民如何能闯进戒备森严的皇宫，又如何能轻易找到太子居住的宫殿，看来其中必有内情，经过反复审理，案情牵涉到了郑贵妃，但没有进一步追查，后以郑贵妃身边的两个心腹太监做了替死鬼而将此案草草了结，此案也成为明宫三大奇案之一。“红丸案”起因是泰昌帝非常好色，身体本来就不好，因纵欲过度而病倒，这本不是什么大病，吃几副补药，静心调养一段时间就可以了，可是掌管御药房的太监崔文升（郑贵妃心腹太监之一）向皇帝进了一济泻药，泰昌帝当天晚上腹泻三四十次，身体一下就垮了下来，再也起不了床了，而且病情日趋恶化，就在这时，鸿胪寺丞李可灼进献两粒红丸，泰昌帝用了第一粒后，病情

明代　泰昌通宝

明代　宣德通宝

明代　正德通宝

稍见好转，待用了第二粒后，泰昌帝便昏昏睡去，于第二天清晨驾崩。由于皇帝服用红丸毙命，红丸到底是什么药，是否有毒，崔文升为什么要向皇帝进泻药，这些都已无法弄清，这件悬案史称“红丸案”，此案最后也不了了之，又成为明宫第二大疑案。“移宫案”为第三大疑案，事说明光宗即位，李选侍（天启帝养母，时为选侍）想要加封为皇后，光宗未允，只封了个康妃，至于加封皇后一事想过些时候再说，可是没过多久，光宗就驾崩了，李康妃的皇后梦就此破灭。可李康妃仍不死心，以先皇有言在先为名，赖在乾清宫不想走，天启帝也无计可施，东林党担忧她会行“垂帘听政”之举，于是，在众臣的力谏之下，天启帝只能将李康妃移居仁寿殿，至此，李康妃想争当皇太后把持朝政的企图就此失败，“移宫案”风波这才暂告结束，那么到底光宗有无遗诏，不得而解，明史也无定论。

“天启通宝”钱为明熹宗天启二年（公元 1622 年）始铸小平、折二、折十钱，初铸小平钱主要用于军需，但次年宦官魏忠贤专权乱政，地方钱局大量涌现，滥铸钱现象由此而出，造成天启钱版别极多，差异也极大，背文大量出现了纪地、纪局和纪重等形式，所以明朝钱币制式的复杂时期是从天启年间开始的。天启钱“启”字上一点为“一横”是其最大特点，小平钱分光背和背有文两大类，背文较复杂，背星月纹者种类也特别多，也较常见；背有“奉旨”二字是指当时由宦官或大臣奉皇上旨意来造钱的意思；当十钱也分光背和有文两类，折二钱则大都光背无文，存世也较少，另有“天启元年背一钱”为宫钱，极罕见。

明代　天启通宝

“崇祯通宝”钱为明毅宗崇祯元年（公元 1628 年）始铸，为大明王朝最后一钱。钱文真书，“通”字有单点和双点之分，有小平、当二、当五、当十型大钱四种，版别繁多，计有百余种。小平钱分为光背和有文两大类，但有一种隶书体光背小平钱，比较罕见；折二钱背有文，也分两大类，一为有背星纹标记，二为背有纪值、纪事和纪重标志；当五钱仅背文记局一种，分“工五”“监五”“户五”三种样式，制作精美工整，铜质呈金黄色，浑厚凝重；当十钱仅光背一种，宽廓大字，制作精良，为少见之品。

这里值得一提的是“崇祯跑马”钱。此钱径小轻薄，因其背文为奔马形，有穿上马和穿下马之分，以穿上马为珍，俗称“崇祯跑马”钱。该钱铸意不明，但民间传说却把此钱和闯王李自成以及南明马士英巧妙的联系了起来。明末农民起义军首领李自成号称“李闯王”，因“闯”字门内有马，“跑马崇祯”钱预示着“一马入门，门下有马”灭亡崇祯者必为李自成也。而马士英是明末凤阳总督，崇祯死后拥立福王于南京，但他虽手握大权，却不积极抗清，反而结党营私，排斥抗清名将史可法，结果导致扬州失守，福王政权被灭，后世将此钱借喻“一马乱天下，明朝必自亡”。

明代　崇祯通宝

南明鼎立钱复杂

南明是明朝的延续，公元1644年李自成农民军攻克北京，明毅宗朱由检（崇祯皇帝）于煤山（今北京景山）自缢，大明王朝至此灭亡。此后清军入主中原，明朝宗室诸王先后在南方各自建立抵抗满清的政权，共历经了三帝一王，包括弘光政权、隆武政权、鲁王监国、绍武政权及永历政权，这些后明政权被史家统称为“南明”朝，前后共历18年。公元1661年（永历十五年），吴三桂率清军入缅，索求永历帝，十二月缅甸国王将永历帝交于清军，次年四月永历帝与其子等族人都被吴三桂处死于昆明，此后，郑氏政权继续奉永历为正朔。公元1683年，延平王郑克塽降清，清军占领台湾，宁靖王朱术桂自杀殉国，南明至此覆灭。

南明各政权建立以后，先后发行了自己的政权货币，由于受当

南明　大明通宝

时战争环境的影响，这些钱币的铸造量都不大，而且区域分布性很强，现存世量也不多。再加上，明末农民起军政权钱币和吴三桂反清政权钱币的参入，构成了南明钱币版别复杂多变的局面。

“大明通宝”钱为南明鲁王朱以海于崇祯十七年（公元 1644 年，明亡之年）被奉为监国于浙江绍兴时所铸。由于当年清兵入关，鲁王逃亡至台州（今浙江临海）避难，次年被明朝旧臣张国维、张名振等拥立于绍兴称帝，并于年底铸此钱。该钱并不作为流通货币之用，当时的中原大片地区，仍用明朝旧钱和碎银，鲁王铸此钱主要是对外宣示，大明王朝并未灭亡，仍在号召汉人与之一起共同进行抗清斗争，是典型的“国殇之币”。该钱有红铜、黄铜两种，铸造不精，只见小平钱，背铸“户”“工”“帅”等字，取意中原大明臣民，不论农户大小，还是城市手工业者或无业游民，都要在鲁王的统帅之下，奋起抗清。在这些钱中，也有光背平钱可见，但背“帅”钱不多见且价更高。公元 1646 年 6 月，清军渡钱塘江攻打鲁王，张国维兵败身死，朱以海由张名振等护卫流亡海上，后依附郑成功偏居台湾金门，公元 1662 年病死，享年 45 岁。这里要重提一下郑成功为何政居台湾一事。郑成功本名郑森，为明末抗清名将。公元 1645 年清军攻入江南，其父郑芝龙降清，郑成功独与父决，率领父亲旧部在东南沿海地区继续抗清，成为南明后期主要军事力量之一。隆武帝朱聿键当政后，收其为义子，故赐明朝国姓朱成功，故民间世称其为“国姓爷”，后永历帝又封其为延平王，故也称“郑延平”。公元 1661 年 4 月，郑成功率领两万余名将士跨过台湾海峡，经过数月作战，打败了侵占台湾达 38 年之久的荷兰殖民者，从而开启了郑氏在台湾的统治，战后他鼓励台湾当地民众垦荒种田，大力发展生产，兴办学校，促进了台湾的发展，死后誉为民族英雄。

“弘光通宝”钱为南明福王朱由崧于弘光元年（公元 1644 年）所铸，有小平，折二两种版式，小平钱又分单点通、双点通和横断弓、行弓各两种，背有星纹和“凤”字等版别。背“凤”钱为太祖老家凤阳地方所铸隶书钱，较罕见。折二钱背有“贰”字纪值，铸量较少，存世不多，价格较高。该钱是史可法等人拥立福王在南京任监国时，改元弘光，在位仅两年，次年清军攻克南京，福王在与清军作战中被叛将出卖，后被押送至北京斩首。该年号钱有“弘发正统，光复大明”之意，其实是福王与鲁王之间相互倾扎，自认为是大明正统皇帝的权力之争的产物。

南明　弘光通宝

这里也要重提一下抗清名将史可法，清军攻破南京后，史可法北撤扬州继续抵抗，因寡不敌众，自刎以身殉国。清将多铎因为攻城的清军遭到很大伤亡，心里恼恨，下令屠杀扬州百姓。大屠杀延续了十天，死亡八十万人，史称“扬州十日”。史可法死后十二日，其遗体不知下落，隔年，史德威将其衣冠葬于扬州城天甯门外梅花岭，被誉为“忠正公”。后来清乾隆皇帝也盛赞史可法为“一代完人”。昔日，本人曾前往扬州天宁寺古玩市场，拾币之余，也不忘到一墙之隔的史可法纪念馆去瞻仰这位爱国名将一番。有意思的是，清乾隆皇帝下江南驻足扬州时的御码头和行宫旧址，即与该馆相邻，似乎曾赞誉过史公的乾隆也有学做“一代完人”之意，当然这只是笑谈。

“隆武通宝”钱为南明礼部尚书黄道周等人拥立唐王朱聿键在福州即位，改元隆武，于当年（公元 1645 年）铸，有小平、折二两种，版式较多，有“生”字隆、“缶”字隆和“正”字隆之分，还有“武”字一点为上点武、中点武和下点武、无点武等版式，小平钱分为光背和背有星

南明　隆武通宝

纹及“户”“工”“南”“留（指留都南京之意）”字等两类，铁钱较为罕见。隆武二年，清军攻入闽，唐王政权灭亡。

“永历通宝”钱为南明唐王政权灭亡后，两广总督丁魁楚等人共推桂王朱由榔在广东肇庆称帝时铸，钱文有“二水永”（“永”字写成上“二”下“水”）、“三角通”（“通”字上的横折点写成一倒三角形）、“双禾一目”（繁体“历”字内写成上为双“禾”字，下为一“目”字）、“双禾一日”（下为一“日”字）等，有小平、折二、折五、折十钱四种，轻重大小悬殊较大，除光背钱外，小平钱背文有御、敕、督、部、道、府、留、粤、辅、明、定、国等字，尚有记局、记值等版式出现；折五钱为背文“五厘”；折十钱为背文“壹分”。此外，郑成功在台湾也曾铸行、篆两种书体的折二钱，现已不多见。永历钱版式多种，铸行量大，故传世颇多。

永历钱一改以往明钱铸制样式，开创了自己的铸钱风格——滇派。滇派钱币与众不同，钱文多出自匠人之手，因这种字体古拙朴素，内廓和外廓都较其他钱币为宽，铸工较粗糙，但钱体分量十足。在南明四个政权中，桂王政权是存在时间最久的一个，先后延续了十六年，曾控制过云贵、两广、湘、川等广大地区，而且与李自成、张献忠的余部李定国、李锦等人曾结成统一战线，联合抗清。公元1661年清军攻入云南，永历政权灭亡，永历帝被清军逼到缅甸，逃到缅甸首都曼德勒，被缅甸王收留，后来明朝降将吴三桂攻入缅甸，使永历帝被俘，于公元1662年1月在昆明被处死，终年40岁。永历钱出生于乱世之中，既有明政权存在的象征意义，也是朱由榔在势力范围内筹集抗清军费的行用之钱。

在南明政权时期，明末农民起义军也曾铸有各自政权钱币，后期吴三桂叛清及子孙也曾各自铸过自己的政权钱币。

“永昌通宝”钱为明崇祯十六年（公元1643年）陕西米脂农民起义军领袖李自成攻克西安，并于次年建立大顺政权，称新顺王（百姓称闯王），国号“永昌”，开炉铸“永昌通宝”铜钱，意为“永代昌盛”。有小平、当五钱两种，“永”字由“二”“水”组成，“点”永比较少，多为一横；当五钱“通”字走之部有高低之分，低者少。当年3月，李自成攻克北京，明朝灭亡，但夺取政权仅41天，起义军在山海关与守将吴三桂决战，本已稳操胜券，却被吴三桂联手清兵入关而惨败，后人作诗讽刺吴三桂为救陈圆圆“恸哭六军俱缟素，冲冠一怒为红颜”，就是指明将吴三桂降清这件事。清兵入关后形势急转直下，迫使起义军一直败退出北京，不久李自成战死疆场。清廷定都北京后认定李自成为“贼”，大顺政权所有标识包括“永昌通宝”铜钱在内一律销毁，由于该钱铸期仅一年，故现今存世量少，不易得，西北、山西等地略有少见。

南明　永昌通宝

“大顺通宝”钱为明末农民起义领袖张献忠于公元1644年8月在成都建立大西政权，号大顺，铸小平黄铜、铁钱，版式多阔缘大样，制作较为精细，有光背和背“工”“户”“川户”等字样，存世量较多。此外，还曾铸“西王赏功”金、银、铜三种钱，用于犒赏三军有功之人，因铸量有限，现已珍罕。

历史上，张献忠是个颇有争议之人，用“反复无常”“杀人如麻”来形容再恰当不过，也给后人对其评判留下了不少难解之谜。不过，我在这里就不作点评了，只对与钱有关的事，略作一说，其中最典型的就上史上所称的“千船沉银”之谜。

大顺三年初，清军全力向大西农民军扑来，张献忠携带打劫而来的千船金银珠宝从成都顺水南下，与当时明朝参将杨展激战于四川彭山县江口镇“老虎滩”一带，张献忠大败后退回成都，但其千船金银珠宝绝大都分随船沉于江底，使之

南明　大顺通宝（铁钱）

成为民间传说。2005 年 4 月 20 日，彭山县城开建引水工程，一施工队在岷江“老虎滩”河床上用挖掘机开挖铺设管道的沟槽时，铲出一捆银锭，计有 10 枚，银锭身上有铸造时打上的“崇祯 16 年 8 月，纹银 50 两”等字样依仍清晰可见。据彭山县文管部门初步鉴定，这批被挖掘出土的银锭为明代官银，也为破解张献忠在此“千船沉银”之谜找到了证据。此次挖掘出土的银锭，无论从银锭本身还是其外包装上，都与史书记载相吻合，从而证实了张献忠 300 多年前在此沉银之说，完全符合历史事实，只不过“千船沉银”之说有些夸张罢了。

“兴朝通宝”钱为张献忠义子孙可望入滇后于顺治六年（公元 1649 年）称东平王时的铸币，按照版别，分为小平钱背“工”、背“五厘”和背“壹分”等，颇具滇沠钱币之风，因铸行量大且行用时间长，现存世较多见。

南明　兴朝通宝

“利用通宝”钱为吴三桂在康熙十二年（公元1673年）时任云南平西王时期所铸的小平、折二、折五、折十钱，小平钱有光背和背“贵”“厘”“云”字，折二钱背“二厘”，折五钱“背五厘”，折十钱背简体“一分”和繁体“壹分”，分穿上下一分，穿左右一分（一分系指折银一分行用），传世较丰。

“利用通宝”并非皇帝年号钱或国号钱，而是地地道道的地方铸钱。这是因为明末清初，清顺治帝为夺取全国政权，先后起用了三边总督洪承畴和山海关总兵吴三桂等明朝降将为其开路打先锋，清康熙帝即位后，吴三桂、耿仲明、尚可喜作为“有功之臣”分驻各地，论功受赏，史称“三藩”。三藩虽隶属政府管辖，但因其拥兵自重，分据地盘，在用

南明　利用通宝

人、征税、铸钱等方面各自为政，俨然是三个独立的小王国，据说“三藩”都曾铸钱，其中吴三桂所铸钱最丰，且影响很广。

“昭武通宝”钱为吴三桂在康熙十七年（公元 1678 年）三月，清政府为维护全国统一，下令撤藩，吴三桂又举旗反清，并在衡州（衡阳）称帝，建号大周，改元昭武时所铸，版式有小平和折十型两种，小平有楷、篆书两种，人称“小昭武”。光背钱比较多，背“工”钱和篆书钱比较少，折十钱为篆书大钱，背为“壹分”，人称“大昭武”，此币流通不久，吴三桂便在八月死了。此后，清政府平乱后，下令一律收缴此币，绝大多数被付之一炬，现存世量皆不多，尤其是大钱存世极罕。据说传世大钱首现于福建彰州诏安县南诏镇，是被一位小学生发现的，并被确认。应该说“昭武通宝”钱是吴三桂一生护明、抗清、降清、叛清、复明翻来覆去的历史重要见证。从政治上讲，是吴三桂举旗反清，实行武力推进、抢占地盘、扩充势力，不断稳固湖南、贵州、云南、福建、四川、广东、广西等地区势力范围的一种权力宣示；从经济上讲，也是盘活经济、稳定人心，不断充实军费开支与清廷抗衡割据的的重要经济保证，可以说，吴三桂推行货币统治比单纯的武力独统更具现实意义。

南明　昭武通宝（篆体）

南明　昭武通宝（隶体）

“洪化通宝”钱为吴三桂孙吴世璠在贵阳袭号，改元洪化（公元 1679——1681 年）时所铸小平钱，背有星纹、工、户等字，除黄铜钱外，还有少量铁钱和铅钱，后清军平叛“三藩之乱”攻破昆明，吴世璠自杀，该钱随及而终，现背“壹厘”和铅钱背“户一厘”较少见。

南明　洪化通宝

“裕民通宝”钱为清初靖南王耿精忠（耿仲明之孙，清初三大汉人藩王之一）在清政府平叛“三藩之乱”时反叛清廷，据闽中（今福建耿王庄）时期（公元1674年—1676年）所铸，有小平光背和背一分及大钱背“壹钱”和“浙一钱”等，传世皆不多，现福建仍有耿庄旧址保存，耿精忠战败被俘后被康熙凌迟处死。

南明的历史较短，这里除了大明王朝后期政权昏庸腐败、气数已尽是灭亡的主要原因外，更重要的是南明政权鲁王、桂王和福王等几个政权，在国难当头的危险时刻，不是齐心协力，相互扶持，同仇敌忾，共同灭清复明，而是一味地只为当“正统”皇帝互相进行“窝里斗”，特别是在清军长驱直入之际，仍各自为战，争权夺利，从而失去了疑聚民心的向心力，一败再败，难怪南明政权都是“短命鬼”，纯粹是咎由自取。

江山“一打”清钱众

清朝是中国历史上第二个由少数民族建立的统一政权，也是中国最后一个封建帝制国家政权。其前身为公元 1616 年建州女真部首领努尔哈赤建立的后金政权。公元 1636 年清太宗皇太极称帝，改国号为大清，改族名为满族，并于公元 1644 年率清军入关，消灭了明末农民起义军李自成领导的大顺政权，逐步统一全国，前后共历十二帝。公元 1911 年“辛亥革命”爆发后，清朝统治彻底瓦解，从此结束了中国两千多年的封建帝制，自此之后，中国进入了民主时期。

清王朝定都北京后，为巩固对中原的统治，采取恢复社会生产，发展社会经济等一系列措施，富国安邦，先后在不同时期都铸有大量的钱币，可以说是中国历史上又一个铸钱较多的王朝。

早在努尔哈赤建国时期就曾铸有年号小平“天命汗钱”，有满、汉两种文体，满文钱面文译作“天命汗钱”，读法从左至右，再上而下。汉文钱“天命通宝”与“天命汗钱”同时开铸，钱文直读，光背无文，书法较差。由于当时满人多不用钱，得到钱后，大多用作装饰品，佩戴于衣帽之上或袍襟之前，据说可避刀枪，以至所铸之钱，多为士兵佩带。其子皇太极继位（公元 1626 年）后，改元“天聪”，铸有满文折十大钱“天聪汗钱”，背穿上或穿左铸有满文“十”字，穿右书“一两”。有粗字、细字二种，即俗称的“大满文”和“小满文”，此钱传世不多，较为罕见，而其中以细字者最少，为极罕见品。

清代　天命汗宝（满文）

清代　天命通宝

清朝初期两品钱并不作为主要流通货币，而是政权象征性的铸币，其政治意义大于经济意义。直到公元 1644 年，清军入关后，爱新觉罗·福临定都北京称皇帝，改元“顺治”，成为清世祖起，才开始在中原地区发行行用货币，由工部、户部设宝源局、宝泉局以及各地开设铸钱局（共 24 局）来铸钱，至此，清朝各代铸钱才有了统一格式的钱制和样式。此时的清钱，中央所铸正面为汉文、背为满文（宝源或宝泉），地方铸钱正面为汉文、背面为满文“宝”加地局名，新疆局和阿克苏局为回文（地局名）。

自清代顺治以后，清钱出了所谓的“套子钱”，即钱种及样式未变，只是背文纪局名不同，使大小钱之间形成了系列成套的钱品，这也是清钱的一大特色之处。这些套子钱，少则十五局，多则二十七局，因各局铸量差易大，一般收齐不易。

“顺治通宝”钱：为清世祖顺治元年（公元 1644 年—1661 年）铸，有小平、折二、折十钱，

清代　顺治通宝

按照背文可分为五种，也就是“顺治五式”，即光背、背星、背纪重、背满、背地局（共 21 局），因铸量大，行用时间长，存世量丰，普品较常见，以小平母钱、背东一厘、折二试铸钱、折二雕母（祖钱，世仅二品）为珍罕。

“康熙通宝”钱：为清圣祖康熙年间（公元 1662 年—1722 年）铸小平、折二和折十钱。全国共设二十四局，为收藏和研究方便，后人将前期的二十局名编成了一首顺口诗：“同福临东江，宣原苏蓟昌；南河宁广浙，台桂陕云漳”。此诗也称“诗文二十品”。据说后来又增设了“巩”（甘肃巩昌局），“密”（新疆哈密局）、“川”（四川局）、“贵”（贵州局）、“西”（西昌局）等钱局，但西昌局有争议。除纪局名外，还有少数背星、背月纹、合背钱以及纪地支钱（极罕见），当十大钱传世以背巩十分罕见，背大字“广”“南”“东”及钱文“双点通”者亦少见。据钱谱记载，康熙钱还出过“罗汉钱”，相传是年羹尧熔黄金罗汉所铸，色泽呈金黄色，熙字少一竖，其中背大清及龙凤纹饰的为宫钱。另有福建宝福局曾为康熙六十大寿时铸有背干支的贺寿钱，每年一品，直至康熙驾崩为止，一共铸了十年，存世也罕见。此外，还有雕母钱、样钱存世。

清代　康熙通宝

清康熙皇帝在位共 61 年，因为当时社会政治比较稳定，经济发展很快，商品交换、货币经济也非常发达，所以康熙钱铸造较精美规整，钱型厚重，文字美观大方，而且铸量极大，存世非常丰。

清代　雍正通宝

“雍正通宝”钱：为清世宗雍正元年（公元 1723 年）铸，由于雍正在位只 13 年，铸钱最少，主要延用顺治和康熙钱为主，版式也最为单一，有小平和折二钱两种，背文纪局共十五个：泉、源、浙、苏、河、黔、安、云、晋、武、昌、济、南、川和巩等。雍正皇帝在历史上曾经留下过不少难解之谜，从继位登基到皇宫遇刺，林林总总十数年执政间，有着无数的说不清，而铸钱也是如此。据载十五个钱局中曾有一部分钱局一度停铸过，从而造成了各局铸钱数量上的不均衡，究其原因，史无记载，却反而造成了现今某些品种的珍罕，如宝南、宝川局钱中的美品少见，宝武、宝昌、宝济等局钱也不多见，雕母钱和牙钱更罕。

所谓“牙钱”，又称“牙雕祖钱”，或“象牙雕母钱”，是一种用象牙刻成钱币的样钱。每当朝廷要启用一个新的年号时，就要开铸一种以新的年号为钱文的制钱。宝泉局在颁发新钱之前，由铸钱局雕刻师根据新钱图稿选用上等象牙的血牙（即从活象身上锯下来的，因含血，牙色微黄）为料，经过精心雕刻，以作恭呈皇帝御览之用，由于象牙样钱用料高贵，工艺精致，颇受皇上喜爱，大多自已留下把玩，或作赏赐后宫、大臣之用，故此类象牙样钱绝少流落民间。

“乾隆通宝”钱：为清高宗乾隆年间（公元1736年—1795年）铸小平及折十大钱，钱文大多用宋体字，宝浙局多用楷体字，宝陕和宝川两局用隶体字，背满文纪局，新疆红钱背满文或回文纪局（伊犁、阿克苏、乌什、叶尔羌、喀什葛尔、库车等局，因用自产红铜铸成，故称为“红钱”），共计二十六局。版式有单点通和双点通之分，又有生字隆、缶字隆和正字隆（极少）之别，少数钱背有星纹、汉字，又有纪年、纪值、合背、吉语等钱以及私铸劣质钱、鹅眼钱等，品类不下百种，存于世上的有雕母数种，极为珍贵。乾隆钱的质量参差不齐，主要是受私铸泛滥影响。据史料记载，乾隆四十年时，私铸情况日盛，各省官员出现盗铸，政府对此无计可施，加上云南铜产量逐年递减，

清代　乾隆通宝

导致铜价飞涨，铸钱成本也随之水涨船高。清政府继而又采取了通货紧缩政策，先后停铸了宝直、大理、广西、临安等局。同时，鼓励商人从海外进口铜材，但是这些措施未能从根本上解决问题，私铸虽有所减少，但官钱不见增加，民间交易缺钱，就出现了使用古钱熔铸的办法，使得这期间的乾隆钱面色暗淡，不如前期钱光泽滑润。到了乾隆五十年后，又相继开了宝直等局，同时放宽了铸钱的标准，钱文字口不整、钱体厚薄不一、外廓宽窄不齐的现象，劣质钱和鹅眼钱大多出于此时。

乾隆皇帝在位60年里施展“文治武功”的治国策略，创造了封建社会里最后一个辉煌盛世，确实与其年号“天道昌隆”寓意相合。其一生多次下江南，但“下江南”的原因众说纷纭，尤其是现今的戏剧中，戏说和演绎的成份居多，其中不乏“艳羡说”“出生说”“私记说”和“徽菜说”，这些说法都有混淆视听之嫌，唯“安抚说”较真。因江浙一带是重要的鱼米之乡，又是明代反清复明的主要根据地，尤其是关乎民生大计的粮、盐、布丝等大多出产于此，是清王朝的重要经济支柱和税收的重要产地，而乾隆作为满族人，深知江南战略地位的重要性，稍有不慎就会发生举国之灾。加之，当地又处江、黄、淮河和沿海地区，水灾和海塘堤堰决溃之事时有发生，若不多加关注，必然会引起民怨，从而影响江山的一统与稳固。乾隆分别于十六年（公元1751年）、二十二年（公元1757年）、二十六年（公元1761年）、三十年（1765年）、四十五年（公元1780年）、四十九年（公元1784年）共六次下江南，主要安抚民心、检查官吏、任用仕贤、褒奖民商等，他第一次南巡以督察河务海防、考察官方戎政、了解民间疾苦以及奉母游览为由，曾祭明祖陵、拜孔庙，尤其是祭明祖陵更是为了安抚天下，以政治姿势安抚反清复明旧士，顺应天下归满。第二次事因浙商欲与英商广开贸易有关，后不准仅以广州一处通商。第三次事因勘察海塘，减免山东受灾岁贡。第四次事因巡视河务。

第五次主要是考察民情吏治，了解民风民俗。第六次主要是一生功德圆满，加封赏赐。可见，“乾康盛世”的由来不是文治武功所能达到的，关键还在于亲民爱民，使得民心永固，应该说“安抚说”最具真实性，也正因为乾隆有如此爱心和忧民之心，才有民间盛传佩带乾隆钱可驱灾辟邪之说，加之，乾隆二字谐音“钱隆”而备受世人追捧。

“嘉庆通宝”钱：为清仁宗嘉庆年间（公元1796年—1820年）铸小平、折二和折十（宫钱）等钱，钱文楷书，背有19个纪局名及少数星月纹以及吉字（如：桂、福、寿、康、宁）吉语（如：天子万年、国泰民安、天下太平、日日生财、嘉庆万岁、唯和唯一、如卖三倍、四方来贺、五世同堂）等多达20种，为历代古泉所仅见。嘉庆钱普品铸造量多，每年大约铸六百多万串，数量超过北宋元丰钱，唯“攵庆版”和雕母及某些地方局母钱十分稀贵，也很难得一见，是为上品。

清代　嘉庆通宝

这里需要介绍一下“攵庆版”的由来。自明代中期以后，钱文书体大都改由工匠来书写，宝泉局初铸钱都使用“庆“字的规范写法，即庆字底部写作“攵”，但规范的写法字形瘦长，像窈窕淑女的细腰，少了阳刚之气，更重要的是，庆字长了，其他三字也不能太短，否则很不协调，若四个字都那样苗条，既增加布局的难度，又无法达到审美的要求，于是，聪明的工匠们想到了“偷工减笔”的办法，借鉴前人铸钱时在钱文上省笔的做法，将庆字底部的“攵”，减去了一横，既不影响庆字的特征，也无大碍，反倒使庆字变得体态丰腴，更好看了一些，从此往后，正规写法的“攵庆版”被淘汰了，中央户部如此，各省也自然仿效，而这款初铸版因行用时间短且数量少，能流传下来的自然少了，也常不被人注意，其实是难得一见之珍品。

此外，还有一个有趣的现象，即在清中期，人们常把清代前五位皇帝的钱（顺治、康熙、雍正、乾隆和嘉庆），俗称“五帝钱”，用金丝或红线捆扎成“钱剑”或“摇钱树”或“钱串子”等吉祥物挂在身上或摆放家中，据说有防小人、避邪、旺财之功效。按照阴阳学家的说法，铜钱性刚，在五行（金、木、水、火、土）中属金，铜质吸收气场的力量比金银都好，具有极强的化解煞气的作用，而铜钱本身形状又是外圆内方，外圆代表天，内方代表地，中间的皇帝年号代表人，将“天、地、人”三者合一，具有扭转乾坤的能量。加之，清初五帝时期正处于我国历史上国力最强盛的“康乾盛世”时期，时代相连，国运昌盛，社会安定繁荣，帝王独尊，百姓安居乐业，钱币铸造精良，流通时久，得“天、地、人”之精气之和谐，故能镇宅、化凶和兼具旺财的功能。这个传说虽不具有科学性，但却是人们的一种心愿寄托。大家都知道，自清代中后期“鸦片战争（公元 1840 年）爆发以后，中国社会再也永无太平之日，华夏泱泱大国已沦为半封建半殖民地社会，洋人可以肆意践踏和污辱国人，由于后期清政府的无能，人们敢怒而不敢言，只好用这种方式来讽刺“五帝”的子孙后代，数典忘宗，国破家亡，从而对“康乾盛世”太平天下的深切怀念。时至今日，民间还将此传说演化成“五帝钱”有保平安之功效，是为取其吉祥之意。

“道光通宝”钱：为清宣宗道光年间（公元 1821 年—1850 年）铸小平、折二及折十钱，是清钱虚值大钱的泛滥之始。钱文为宋体，背纪局名有 21 种，除新疆红钱二种外，传世几乎无稀罕之品。

清代　道光通宝

道光皇帝在位期间正值清朝衰落之时，虽然为挽救清朝颓势做了一些努力，如整顿吏治，整厘盐政，通海运，平叛乱，严禁鸦片，起到了一定积极作用，本人也力行节俭，勤于政务，从不奢靡，但作为一个帝王，对于王朝陈积泛垢的严重问题却没有重药医治，尤其是受闭关锁国政策的影响，对西方“第一次工业革命”后先进科技和生产方式的极力排斥，从而进一步加大了与西方的差距，清王朝的衰落，最终成为列强的猎物。公元1840年“鸦片战争”爆发后，才能平庸的道光皇帝仍固步自封，从而输掉了这场战争，也输掉了大清王朝的盛世光芒，以签订丧权辱国的《南京条约》而终结。这场战争过后，本可以使清王朝警醒，仍可抓紧学习西方，扭转乾坤，重振王朝大业，可道光皇帝在此后的十多年间，又姑息苟安，得过且过，依旧执行闭关自守的政策，使大清王朝从此走上穷途末路。

“咸丰通宝、重宝、元宝”钱：为清文宗咸丰年间（公元1851年—1861年）所铸小平（通宝）钱；当四、当五、当八、当十、当二十、当三十和当五十（重宝）钱；当八十、当百、当五百和当千（元宝）钱。背纪局共27种，以“宝台”局、“阿克苏”局、“宝通”局所铸为稀少，传世尚有“咸丰通宝”雕母数种，极为珍贵，咸丰大钱的钱文书法，各局自成体系，差异明显。此外，咸丰年间还曾铸造花钱（背龙凤呈祥图纹）和宫钱（背“天子万年”“万寿无疆”“天下太平”“咸丰万年”“大清一统”和“一统天下”等）。

这里有一个值得注意的现象，咸丰钱虽铸量多，大钱却多为藏家青睐，也是事出有因。咸丰年间因政治腐败，经济危困，加之，受鸦片战争和列强的掠夺以及太平天国运动的发生，各钱局铸钱已很难正常进行，很多地方钱局实际上已处于停顿状态，即使开铸，也是偷工减料，因而造成咸丰钱精制者少，粗制滥造的多，大都质劣而轻小，还有的用铁钱、铅钱来代替铜钱。尤其是私铸劣质薄小钱更加泛滥，这期间鹅眼小钱大多重不足一克，严重扰乱了经济秩序，民怨沸腾，清政府为了苟延残喘，平息内乱外患，财力捉襟见肘的咸丰皇帝开始铸行减重大钱，以济军饷支出，从而将财政危机转嫁到老百姓身上，相继推出重宝大钱和元宝大钱等种类繁多的钱币。据《光绪顺天府志》记载，咸丰三年，军旅数起，饷需支绌，东南道路梗阻，滇铜不至，众卿请改铸大钱以充度之。五月先铸当十钱一种，八月铸当五十钱一种，十一月又增铸当百、当五百、当千三种。“四年七月因大钱行用不畅而减少铸额，当千、当百大钱停铸”（《东华录》），这也是咸丰大钱不多见的原因之一。另外，咸丰钱一改清朝前期钱文和格式的僵化作风，字体有楷、篆、瘦金等多种，有相当部分钱文皆出自善书者或戴熙等名家之手，其中“戴书”当五钱相当珍贵，今已很难觅到。而且还出现了钱史上少有的大小币倒置的现象，如当百钱反而小于当五十钱，这也是咸丰大钱为藏家所钟爱的原因之一。

“祺祥通宝、重宝”钱：为清穆宗祺祥元年（公元 1861 年）铸小平（通宝）和当十大钱（重宝）钱，存世仅见祖钱、母钱、样钱及少量试铸品。通宝小平有宝泉、宝源、宝云、宝苏、宝巩五局，后三种极罕。重宝当十有宝泉、宝源、宝巩三局，宝泉局极少。

清朝皇帝一生一般只用一个年号，唯独穆宗时期出现了“祺祥”和“同治”两个年号，从而改写了祖制年号从一而终的习俗，这是为何？这与慈禧太后发动“辛酉政变”“垂帘听政”有关。据史载：公元 1861 年 7 月，昏庸无能的清代咸丰皇帝病死在承德避暑山庄。临死前，他把皇帝的宝座传给了六岁的儿子载淳，他深知年仅六岁的孩童是无法掌管国家大权的，便把八位最亲信的顾命大臣召到病榻前，进行临终托孤，并拟定次年改元“祺祥”年号。然而，咸丰死后的第二天，懿贵妃叶赫那拉氏被尊为皇太后，上徽号为慈禧，史称之为慈禧太后或西太后。载垣、端华、肃顺等辅政大臣，预感到叶赫那拉氏想阴谋篡权，想以顾命大臣的身份加以阻止，但精明的慈禧太后为巩固自己的既得利益和地位，连忙联络当时留守北京的恭亲王奕欣，于九月三十日发动宫廷政变，逮捕了八大臣，并将肃顺等三人处死，这就是清史上有名的“辛酉政变”，又称“祺祥政变”。不久，慈禧采纳大学士周祖培奏议，废止“祺祥”年号（咸丰十一年七月二十六日始铸，十月五日即被勒令废除，“祺祥”年号仅存69天），祺祥钱被下令停铸，改用“同治”年号（寓意共同治政），开铸“同治通宝”钱币，祺祥钱当时所铸多为样币，流通币几乎全部收回损毁殆尽，因其发行时间短，铸造精美，铸造量与存世量均稀少，与“同治”钱一起并称为中国寿命最短的钱币，而成为海内外钱币藏家追捧的热点。

“同治通宝、重宝”钱：为清穆宗同治年间（公元1862年—1874年）铸小平（通宝）和折三、折五、折十大钱（重宝），钱文既有宋体也有楷体，因咸丰大钱造成混乱，平钱用途日减，致使铸钱亏损等原因，许多省局都相继停铸，常见的仅有宝泉（户部）、源（工部）、苏、浙、昌、川、云、桂和东等局，但铸量较清朝前期钱已大减，如宝陕、济、伊、武、福、南、黔、广、晋、阿克苏等局仅见样钱，传世当十钱个别局的较少见。同治钱因行用时间不长和铸量少等原因，现存世量不丰，牙钱更极珍。据称四十年代曾有咸丰、光绪牙雕样钱三、四枚真品被发现，现均藏中国历史博物馆。民间流传极少，据说解放前，北京北新桥南香饵胡同住着一户钱币收藏世家王希贤老先生，其邻居就是昔日皇亲“瑞府”的人家。辛亥革命后，大清王朝完蛋了，那些皇亲贵族失去了依傍，“瑞府”也一天天地败落下去，只能靠变卖家值钱物品来糊口度日，王老先生时不时就能在现今的簋街一带碰见“瑞府”的人，从而得到不少珍稀钱币，其中就曾有一枚“同治通宝”宝泉局铸的小平牙样钱，而今这枚牙样钱已下落不明。说到“簋街”，这里也不妨提一下这个名字的由来。据说，大清灭亡后，居住在附近的王府大院失去了岁贡，只得靠并卖家财度日，而这些旧日旗人，

清代　同治通宝

又死要面子，白天不好意思拿着东西出来变卖，只好等天黑了以后才偷偷跑出来换些钱，渐渐地就在这里形成了“鬼市”活动，故此街道也常被人称为“鬼街”，可“鬼”字名声不好听，便演变成了现在的簋街，“簋”乃为古代一种盛黍稷的方器，意为食盒，与现在夜市美食街颇为相符。

清代　光绪通宝【背面】（新疆红钱）

“光绪通宝、重宝”钱：为清德宗光绪年间（公元1875年—1908年）铸小平（通宝）和重宝（大钱），钱文楷书或楷隶、楷宋三体。背文满、回文记局、记年、记吉语，记批次等多种形式。光绪钱是中国造币史上首次引进西洋机制造币方法铸造的第一批中国样式（外圆孔方）的行用钱，版式较多，存世量丰。其中，牙雕和机制钱较珍，现仿者也不少。另外，光绪年间还曾出“光绪元宝”银元和铜元钱。清代银币、纸钞、铜币并行，至嘉庆年间发行新式银元，而光绪年间铸行金、银币更多。洋务运动也影响到铸币业，两广总督张之洞曾于光绪十三年（公元1887年）曾委托出使英国的大臣在英国订购全套造币机器，并在广东钱局首铸机制银元和铜元。其后，各省纷纷仿效，购制国外机械铸造银、铜元。包括广东钱局在内，许多造币机均订购于英国著名的伦敦伯明翰造币有限公司。英国大工业的介入，使银币也沾染上西方色彩。钱币正面鲜然可见满汉文化的融合，而钱背却明确标示了西方文化的介入。“光绪元宝”当时共有19个省局铸造。湖北省开铜元钱铸币之先河，此后的五十年间，铜元被

清代　光绪通宝

清代　光绪元宝（小银元）

清代　光绪元宝

清代　光绪通宝（机制币）

清代　光绪大清铜币

清代　宣统通宝

清代　宣统元宝（小银元）

大量制造，总数应上百亿枚，至今大量存世，故普通铜元价格都不高。

“宣统通宝”钱：为清末代皇帝溥仪宣统年间（公元 1909 年—1911 年）铸小平钱，因政局不稳，全国各省几乎都已停铸，仅宝泉局铸过一种重一钱的“宣统通宝”小平钱，数量也不多，分为大小两种，新疆地区曾有“宣统通宝”红钱出现，宝广、宝福两局也曾铸过机制币。另外，宣统三年间还曾铸“宣统元宝”和“大清元宝”银元以及“大清铜币”铜元钱，存世量皆不多，银元因价高，后仿者多。此外，溥仪在抗战时期，由于充当日本扶持的“大满洲国”当执政皇帝（公元 1932 年 3 月 1 日—1934 年 2 月 28 日），建年号为“大同”，并铸“大满洲国大同年号铜钱”（共 2 年），后称“满洲帝国”皇帝期间，改年号为“康德”，并铸有“大满洲国康德年号钱”镍币（共 12 年）。宣统钱是大清朝最后一位皇帝的年号币，是中华二千年封建王朝的终结，是封建帝王“天圆地方”思想标注社稷风云历史的“休止符”。

咸丰大钱乱天下

清文宗咸丰皇帝在历史上是个颇有争议的人。有人说他是个无远见、无胆识、无才能、无作为的“四无”皇帝，也有人说他是个远比他老子道光皇帝聪明的皇帝，特别是发现了肃顺，又通过肃顺重用了曾国藩、胡林翼、左宗棠等人之后，使得太平起义军最终没能像李闯王那样长驱直入北京，并不算个糊涂蛋，只不过他接手的是个烂摊子而已。对于这两种说法，我不是清史研究学者，不便妄加指责，但至少咸丰皇帝在铸造大钱乱天下这个问题上，确实不够聪明，也可以说就是个不会治国理政的糊涂蛋皇帝。我个人为什么会如此之说？不妨我们来看看这位皇帝从 20 岁登基到 31 岁死，当政 11 年

清代　咸三通宝

的所作所为来分析，便可知晓。

清代　咸丰通宝

首先，他接手了个烂摊子的确是事实。清道光三十年（公元 1851 年 1 月 11 日）道光皇帝去世，咸丰皇帝继位，恰在此年，太平天国的洪秀全在广西金田村领导农民起义，可以说是不祥之兆，加之此前第一次鸦片战争留下的赔款残局，确实是接了个烂摊子，但作为一个有作为或者聪明的新皇帝来说，收拾这个烂摊子其实并不难，因为太平起义军那时还不成气候，如果他比他老子道光皇帝聪明，就可以用他一向的仁厚之所长，抓紧收拾其父亲遗留下来的第一次鸦片战争所造成的国民伤害才对，以笼络人心，化解国内政治矛盾，安抚民众生计来稳定时局，鼓舞民心。这样太平起义军也不可能很快形成势不可挡的破竹之势，老百姓也不会纷纷响应，毕竟大清皇帝统治中原已有二百多年，而且历经了“康乾盛世”，人们对大清王朝的统治，从心理上还是愿意接受的。可这位所谓聪明的新皇帝，面对内忧外患，俨然效仿他糊涂的爹，采取对外示弱、对内逞强的强权政策，全面镇压农民起义，把“攘外必先安内”作为优先国策来实施，深怕江山改朝换姓，但他此时忽略了一个基本国情事实，即民众反对的是软弱无能、不能有效抵御外来侵略的昏庸无能的朝廷。如此时咸丰能够强势对外，重新振作国内经济，减轻民众负担，那么，太平起义军不用武力镇压也不会掀风鼓浪得起来。可是，咸丰帝错就错在目光短浅，对内外形势判断失误，一味地效仿老子的做法，大动干戈，强奸民怨，以此来转嫁国内民族危机。俗话说，军队作战打的是钱，没有钱去补充军资所需，仗就无法进行下去。而此时的咸丰本来接手的就是个烂摊子，光对外赔款国库早已空虚，现在又哪有钱用来

清代　咸丰重宝（大钱）

打仗？对此，他高高在上，并不为此担心，只下一道圣令，以开铸大钱来缓解财政危机。据史载：“咸丰三年（公元1853年）清廷被迫鼓铸大钱，寿阳相国权户部议，请铸当十大钱，兼增铁冶以供度支，旋推及当五十、当百钱”。“巡防王大臣续请铸当五百、当千两种钱”。从这段话里不难发现，咸丰所铸大钱并不完全是铜钱，还用铁钱来以次充好，而这些大钱也不同于以往的折二、折三、折五或折十钱，而是当百、当千的高虚值大钱，完全是在明目张胆地抢老百姓的财富。据统计，当年咸丰所铸的各类大钱达十五种，这种混乱的币制必然造成恶性通货膨胀，从而物价奇高不下，商品市场物资严重缺乏，反而加剧了民怨沸止和社会动荡，促使太平军不仅没能消灭，反而一步步做大做强，继而占领武汉、安庆、南京等重要江南产粮、产盐之地，而这些战略物资原本就是历代王朝的主要税收来源，失去了这些要地，就等于没了重要财税收入，特别是咸丰元年秋，黄河在江苏丰县和丰北等地决口，山东济宁、临清、单县等州县遭水淹以及当年有60多个州县遭水、旱、雹、风、虫等自然灾害，使秋粮欠收，天下更为大乱，清廷元气大伤，再用此大钱来坑害老百姓，民众无以生计怎能不起来造反。

清代　咸丰重宝（小钱）

清代　咸丰重宝（大钱）【背面】

其次，不作为乱治政也的确有其事。通过第一次鸦片战争，英法列强尝到了甜头，乘大清国内危机四伏之机，又于咸丰六年挑衅，发动了第二次鸦片战争。当英法联军再次把战火烧到国门大沽口时，咸丰皇帝深居圆明园内不是急于处理军政危机，而是在园内大摆酒宴庆祝自己三十岁的生日，连唱大戏四日不休，百官朝贺，完全把战事忘得一干二净。当英法联军打到北京时，他已无力应对，无奈之下只得当逃亡之君，带着老婆孩子和戏班子以“巡狩”之名逃到热河避暑山庄继续过花天酒地的奢糜生活。据说，咸丰十分贪色贪玩贪酒，为了不影响他花花太岁的生活，他先让后宫的美女和戏班子先逃到避暑山庄，在山庄里上午安排“花唱”，下午单点“清唱”，天冷时仍在屋里表演，夏天却在“如意洲”演出，除此之外，嗜酒如命，见酒就喝，一喝就醉，一醉就要酒疯，对政事不理不问，把京城广大老百姓的死活至于水深火热之中而不问不顾，任遭侵略者奸杀抢夺，就连他的出生地，先祖修建的圆明园也被侵略者一把火烧光，如此不守国门的天子皇帝，天下怎能信服。更可恨的是，与英法联军再次签订割地赔款的条约之后，当时主持和谈的恭亲王奕欣等上奏折请他回京返朝，他还不愿回来，还赖在避暑山庄醉生梦死，直至病死山庄，也没再回京看一眼自己的国都和黎民百姓。如此看来，他比老子道光还糊涂，也更是个大混蛋。

最后，错定顾命大臣的确后患无穷。咸丰十一年（公元 1861 年 7 月 17 日）咸丰帝在热河病故，临死之前，他召集八大臣（载垣、端华、景寿、肃顺、穆荫、匡源、杜翰、焦祐瀛）到他病榻前，宣布立载淳（后同治皇帝）为皇位继承人，便让这八个随行的大臣做顾命大臣，也叫赞襄政务大臣。这一做法看似能平衡各方势力，为年幼的皇帝顺利度过摄政期，待成年后理政铺平了道路，实则留下了无穷后患，更为后来慈禧太后把持朝政，实行“垂帘听政”创造了条件。要知道顺治皇帝幼年时期的摄政王只有两个，即多尔衮和济尔哈朗；而康熙初政时期的扶正大臣也只有四个，即索尼、苏克萨哈、遏必隆和鳌拜，至少那时的顾命大臣虽有自己的如意算盘，但各自都是实力派人物，在政治和军事两大要害部门都能说了算，后宫根本不敢插手朝政之事。可到了咸丰这里却变了样，八个顾命大臣为了各自利益和势力范围，意见很难协调和统一，更不能平衡当时朝廷的各股政治力量。从他们的身份就不难看出，前四个都是皇亲国戚，而后四个则为军机大臣，这里且把他们统称为“热河派”，而留在北京处理军政大事的则是以奕欣为代表的宗室阿哥贵族，这里也且称之为“京城留守派”。作为该派重量级的人物奕欣，原本在与咸丰谁接皇位这个问题上，兄弟俩曾有一争，落选后虽得了军机大臣头衔，但心里对自己的这位兄长并不是忠心不二，加之咸丰死前又抹去了他军机大臣的头衔，只落了个图有虚名的恭亲王名号，让他留守京城处理与英法联军和谈的烂摊子，特别是在新皇帝摄政问题上，连一个辅政大臣或议政大臣的名义都没捞到，当然心里有气也有恨，无论如何也不能再让那些跟着皇帝在热河吃喝玩乐的顾命八大臣骑在自己脖子上作威作福，干脆一不做二不休，与帝后势力合二为一，共同反对“热河派”，处处作梗，试想这样的顾命大臣能有什么好结果？帝后干政也就在所难免了。可以说，咸丰在选人和用人问题上并不聪明和高明，完全是一错再错。不仅如此，身居热河不问战事的咸丰皇帝，一味地追求花天酒地的快乐生活，而内府开销又成了大问题，尤其是在大钱受阻的情况下，为满足自己所需，强行推行纸币制度，且不允许老百姓与库银自由兑换，如此一来，只许进不许出，老百姓岂能答应？不造反还能束手待毙？历史也再次证明了咸丰帝是个不折不扣的糊涂蛋，是铸造大钱乱天下的始作甬者。

纵观咸丰当政期间，一面是对外的巨额赔款，一面又是太平起义军的战争内耗，面对如此巨大的财政危机，咸丰铸大钱，不仅没能发挥积极的作用，反而加剧了社会矛盾的激化。据相关资料反映，在咸丰大钱行用期间，因币值与实物不等值，导致大钱严重贬值，老百姓和商人都不愿接受。就拿当时京城的粮价来说，京城的粮商因不愿意接受大钱而不想卖粮，外地粮商见京城卖不出粮食也就不愿再往京城贩粮，从而造成了京城各粮店纷纷倒闭歇业，出现了严重的粮荒，百姓叫苦连连。从这个事例不难看出，民以食为天，民不饱饥，必然引发天下大乱，可以这样说，太平起义军能够在大清强权政治体制下异军突起，是与咸丰滥发大钱所造成了人心相背有关，是大钱坑害了百姓而激起了民怨，造成了对清政府不满，而这种不满又迅捷转化为对太平起义军的强烈支持和响应，是民心思变才诱发了天下大乱，而天下大乱的结果恰为太平起义军的迅速发展壮大提供了有利条件。可见，害人者必自毙，天理不可违，咸丰大钱就是一把双刃剑，既害人也害己。

晚清风云起“太平”

第一次“鸦片战争”的爆发，揭开了大清王朝政治腐朽、统治昏庸和国安危机的“遮丑布”，《南京条约》的签订，又彻底砸碎了统治者的王朝美梦。然而，清王朝衰落的现实，并没有引起统治者的足够重视，仍不思悔改地安于现状，一边对外妥协示弱，一边加重对内剥削，将战争消耗和巨额赔款的沉重负担，全部转嫁给了广大劳动人民，致使民众苦不堪言，从而引发了各地农民起义的反抗斗争。其中，声势浩大、波澜壮阔的“太平天国”运动（公元1851年—1864年）是清朝后期一次最具影响、规模空前、时间之久的农民大起义，达到历代农民起义斗争的颠峰。起义军前后奋战十四年，纵横十八个省，威震全国，从而拉开了晚清历史风云的大幕。

“太平天国”农民政权之所以能长时间的存在和斗争，除了得

晚清 太平圣宝（太平天国）

益于领导者善于结合当时内忧外患的国情，把基督教的平等观和中国农民“天下太平”“人人平等”的平均思想结合起来之外，更是能够从农民阶级的要求和利益出发，大搞反清思想宣传和发动，以开展“拜上帝会”的形式，组织和吸收劳苦大众积极参与，使起义得到了万众响应，所到之处，势如破竹。尤其是“太平天国政权”建立之后，又及时颁布了《天朝田亩制度》等惠民政策，使人人享有均等耕地的权利，并通过铸币的影响，广开舆论造势。

众所周之，我国古代钱币文化的影响力极大，也最能为广大民众所接受，历代统治者正是利用钱币的这一特点，为新政权进行大力宣传。太平天国政权也不例外，早期只铸大、小钱而不论纪值，先期只在起义军中以犒赏奖励的形式出现，做到“每战必赏，论功得大小”，使其很快在起义军所到之处迅速传遍开来。之后，又以行用货币的形式，在新政权势力范围内发行，既稳固当地的经济秩序，又为起义军提供了充足的军费保障，成为有别于清钱的一种重要货币。

晚清 太平天国（背圣宝）

那么，“太平天国”钱的种类特征又有哪些？据史料称，起义军领袖洪秀全定都南京（改称天京）后，被封为“天王”，并建立了自己的政权铸币机制，且规定凡铸币一律使用“圣宝”二字，始铸“天国通宝”钱，因此钱与清钱的区别不是很大，未被采用，继而改铸“太平天国”（背圣宝）钱，有楷书、宋体和隐起文三种版式。传说该钱面文为天王洪秀全手书，大钱文中“国”字“口”内也不用“玉”字，而是改成一个“王”字，寓意着“天王统一天下”的理念，因初铸钱并不作为流通行用，只作义军奖赏之物，实际上仅是一种宣传新政的工具之一。此后，为补充军费、繁荣商业，又开铸了方便行用的小平、当五、当十、当五十、当百钱，有黄铜、青铜、红铜、铁、铅等材质。后期还出有少量镇库大钱和宫钱（大花边钱）以及部分地方铸币（如“太平背二十四文”钱和苏州铸“裕国通商背壹千文正”钱），总计约有80余种版式。其中，早期“太平天国”背“圣宝”钱，多发现于南京附近；楷书圣宝钱多发现于江苏、浙江、安徽等地；宋书圣宝钱可能为太平军将领所铸，多发现于湖南一带。太平天国所铸钱虽发行量大，但在起义失败之后，因遭到清政府的大量销毁，导致存世数量甚少，而其中的精品更是弥足珍贵。因此，太平天国钱币重要的历史价值和稀少的数量一直是收藏界的看点。

继太平天国钱之后，在晚清后期又出现了一种“太平通宝”小平钱，即咸丰四年（公元1854年）由上海小刀会所铸钱。该钱文直读，背有日月或明字，月为大弯月，还有宝云局铸的背满文小平钱。

上海小刀会是广东天地会的一个分支，其首领为刘丽川，其成员大多数是上海地区的手工业者、农民及游民等，于公元1853年下半年在上海嘉定县起义，为响应太平天国运动，并以“大明太平天国”为号召，于次年始铸“太平通宝”小平钱，此钱只作会钱还不作为行用之币，因此铸量有限。起义后仅两年便遭敌人围攻，首领刘丽川在突围战斗中壮烈牺牲，部分将士冲出重围后，又参加了太平军，继续从事抗清斗争。由于上海小刀会建立的政权时间短，又因当时铜材来源有限，所铸“太平通宝”钱数量不多，现已十分难见，可以说，该钱也是上海地区的唯一铸钱。

晚清　太平通宝（上海小刀会会钱）

除上海小刀会铸钱外，浙江天地会也曾铸过“太平通宝”（背“文”）小平钱以及其他几个钱种。

这里要普及一下“天地会”组织的由来。“天地会”据传始于康熙时期，因当时清政府为远征西藏，而特召福建莆田南少林寺武林高手当其开路先锋。收复西藏之后，因有人诬告这些高手意图谋反，遭到清政府的武力镇压，不仅火烧了南少林寺，而且还将所有高僧和有功之人全部诛杀，但有五位少林俗家弟子高手逃脱了此劫，从此痛恨清廷，以万云龙为首领，陈近南做军师，从而建立了“洪门”派，世称“洪门五祖”。“洪门”尊郑成功为“开山老祖”，以“天父地母”为上，立誓反清复明为己任，故称天地会。天地会以开展民间秘密结社活动为主要方式，但武装起义从未停止过。太平天国运动爆发之后，天地会积极响应，以陈开为首领，再次打着“反清复明，顺天行道，劫富济贫”等口号，于公元 1854 年 7 月 5 日在广东佛山组织武装起义，其成员又分别到各处（东南沿海地区为主）发展组织并领导起义，浙江天地会就是其中一个分支。此后，天地会逐渐演变，因其成员多为农民或由破产农民转化而成的小手工业者、小商贩、水陆交通沿线的运输工人及其他没有固定职业的江湖流浪者组成，成分日益复杂，分派也较多，有“三点会”“添弟会”“小刀会”“袍哥会”“哥佬会”等，这些组织有的仍在国内发展，有的移居海外发展；有的变成为地方黑社会，还有的成了团结海外华侨的重要纽带。现今“中国致公党”即由近代天地会在海外的分支“致公堂”发展而来，于上世纪初成立于美国。

晚清　天朝通宝（浙江天地会会钱）

天地会钱币要数浙江地区天地会铸钱最多，计有“太平通宝”（背“文”）、“天元通宝”（背“文”）、“开元通宝”（背“武”）、“天朝通宝”（背“永”）、“皇帝通宝”（背“圣”或“浙”）、“盘古通宝”“明道通宝”（背“天”）、等小平钱和“震中团练”大钱，但这些钱都不是行用钱，而是其组织的宣传品会钱，钱币背面文字在穿上者为会首领之用，文字在穿右或穿下者为会员之用，浙江天地会铸钱约有 17 余种版别或版式。此外，咸丰八年（公元 1858 年）赵起等 8 人在浙江平阳聚义成立金钱会，并铸“义记金钱”作为会员入会凭证，有背“胜”及“天”“地”“离”等字，有 6 种版式。天地会之广东三合会首领李文茂（大成国副帅）于咸丰七年（公元 1857 年）攻占广西柳州后，自称“平靖王”，并铸有“平靖通宝”和“平靖胜宝”小平钱，钱文楷书兼隶韵，通宝钱背穿右为篆书“中”字（含中军行用之意），胜宝钱背有“前营”“后营”“左营”“右营”“中营”“御林军”和“长胜军”等字（含义与前同），质地黄铜，约有 13 种版式。另贵州起义军张保山也曾于咸丰十年（公元 1860 年）铸“嗣统通宝”光背小平宽缘钱，钱文有正书和隐起文两种版式，已不多见。因天地会钱和地方起义军铸钱量特别少，存世都较罕见，多为珍稀钱币之列。

晚清　平靖胜宝（会钱）

民国铜钱出两品

公元 1911 年 10 月 10 日革命党人在武昌发动起义，也称“辛亥革命”，标志着中华民国的建立。由于袁世凯篡取革命果实，在北京建立政府，也称“北洋政府”。当时，民国新政府为了区别于旧帝制政权，一改铸币“天圆地方，皇帝独尊”的特征，而以“四海团圆”为特征的银元、铜元、镍币及铝币的新面孔出现，因这些铸币的正面大都以袁世凯和孙中山的头像为主体，故民间又称这种币为“袁大头”或“孙小头”。但在民国早期的铸币中，特别是各地军政府的铸币中，仍遗留了少数通宝钱的余痕，这就是民国早期出现的两款小钱“国民通宝”钱和“福建通宝”钱，共有两种版别或版式。

“民国通宝”钱又分两种，一种是民国四年（公元 1915 年）云南宝东局（云南会泽县，民国时期称东川府，宝东局就在县城内）

所铸的小平（背东川）和当十大钱（背当十，字型有大小之分），因铸量少，加上民国时期纸币泛滥，所以几乎未流通出去，大多为当地老百姓所持有，后又由于文革时期老百姓再也不敢保留这些东西，有一点也从家里往外扔，所以现在传世很少，偶尔也能在当地民间有一见。另一种为天津铸币局所铸的机制“民国通宝”（背一文）小平钱，因是机制，所以钱体明显较一般铜钱薄，但字口工整清晰，边缘较宽，因行用时间短且铸量小，现已不多见，偶尔能在天津及周边地区偶有出现，但十分稀少。

民国　福建通宝【正面】

民国　福建通宝【背面】

“福建通宝”钱也有两个版别，一是“福建通宝”(背一文和二文)钱，尤其是以背文直读“二文省造”的一种，堪称民国铜钱中的佳品，该钱为圆孔圆形，似乎有复古先秦时期币种的嫌疑，并以五色旗和铁血十八星旗为图饰，以示光复纪念。另一种是“闽省通宝”钱（背二文），钱体厚重，制作精良，且无五色旗和铁血十八星旗等图饰。对于此款钱为何会以铜钱面孔出现，也是有其原因的。据史料载：“武昌起义”成功后，各地纷纷响应，首当其冲的是浙江、江苏、上海、福建等地。福建革命党人在同年11月9日也在福州举事，经与清军激战了一日，便光复了福州城，13日成立了中华民国福建都督府，孙道仁任都督，并发布了一系列政令。其中有一条就是“不发纸币，以维持金融稳定”。不发纸币，就得发铜币，又为了有别于几千年来封建帝制方孔圆钱旧貌，故采用圆孔圆钱，且背加注起义大旗和五条旗。

这里也要多说一下，关于起义大旗和民国五色国旗的来历。十八星旗，全称“铁血十八星旗”，又称铁血旗、九角旗、九角十八星旗、首义之旗。长宽比例为8:5，图案由红底、黑九轮角和18颗小黄圆星组成。红底、黑九轮寓意“铁血精神”，表示决心用武力推翻清王朝的统治；黑九角代表《禹贡》中记载的冀、兖、青、徐、扬、荆、豫、梁、雍九州；分布与九轮角上下的18颗小黄圆星，代表当时内地18省人民，示意国家统一、民族和睦、前途光明；圆星呈金黄色，表示与满清对立之汉族的炎黄子孙。该旗现在中国人民革命军事博物馆可见。

关于该旗帜的含义来源，时任“共进会”第二任总理的邓文辉解释为：铁血旗“红底、黑心、轮角，外加十八黄星，表示汉族（华夏）十八省人民铁血主义精神”。与汉族对立的是满族人建立的少数民族政权清朝。另据亲历武昌起义的赵师梅回忆，“共进会”领导人刘公在起义前命人制作铁血旗，曾经这样说：“红底和黑九角星象征铁血，就是说革命必须使用武力，以热血驱逐鞑虏、恢复中华。在黑九角星内、外角上共有十八颗金黄色的圆星，代表关内汉人所在的十八个行省，黄色代表炎黄子孙，意味着辛亥革命的第一意义是汉民族主义革命”。

五条旗又称五色旗，五族共和旗，是中华民国建国之初北洋政府的国旗，旗面按顺序为红、黄、蓝、白、黑，代表着汉、满、蒙、回、藏五族共和，比例为5:8。五色旗作为民国的临时国旗，被北洋政府、北洋军阀所利用。1921年5月，孙中山在广州就任非常大总统后，明令废止五色旗和十八星旗，代之以青天白日旗，但当时广州政府影响力有限，许多地方对此还不是很认可。1924年9月，国民党南京政府成立，通告“以青天白日满地红旗为国旗，青天白日旗为党旗、军旗”。1928年12月，张学良在东北易帜，东北全境以几万幅青天白日满地红旗取代了五色旗。

福建省铸造“福建通宝”钱背面的五条纹旗，有阴、阳旗两种。其中前后版别有异，最先发行的钱币为阴纹五条旗，两种面值皆有，但此钱铸量少，尤其“一文”更少，后期只发行“二文”一种面值，为阳纹五条旗，铸量稍多。其中为何铸成阴、阳两种五条旗，众说纷纭，莫衷一是，现在常能见到的大多是字体模糊、边缘残缺、钱肉穿孔的阳纹五条旗“二文”钱，若能觅到全品相“一文”者，可称珍品，弥足珍贵。

“福建通宝”是以省名命名的铜币，这在全国甚为罕见，尽管它铸造粗糙，流行时间短暂，但在近代钱币史上却留下光辉的一页，标志着二千多年来统治中国的封建帝制从此结束，宣告了以孙中山先生为领导的旧民主主义革命的开端。所以说，“福建通宝”有别于一般铜币，它不仅起到作为货币流通的作用，而且更重要的体现了它是辛亥革命的象征，是一种难得的纪念币。

民初铜元最行盛

民国初期由于受清末银元、铜币保值的影响，以及机制钱币的大量的出现，从民国元年至二十八年（公元 1912 年—1939 年）间，银元、铜元、镍币等相继成为当时的主要货币品种，直到 1935 年国民政府进行币制改革，发行纸质“法币”（法定货币的代称）时止，仍有不少地方在行铸铜元钱。可以说，民国铜元比此间任何一种金属币铸量都大，行用时间最长，存世量也最丰。

民国　东三省小一分（铜币）

民国最早铸造铜币的是江西南昌造币厂，在武昌革命起义爆发后不久，驻扎在江西九江、南昌的江西新军立即宣布江西独立，掌握了全省军政大权，并占领了当时的大清造币厂，着手制造纪念革命胜利的新式铜币——“大汉铜币”。此铜币面文左右有“辛亥”纪年，中间书“大汉铜币”字样，正中刻一个“赣”字，下缘写有面值“当制钱十文”字样，背面图案是表示革命军军旗的“十八星旗”，笔划较为粗壮。这种币明显是直接依照前清时期的“丙午赣大清铜币”铸造的江西“大清铜币”（没有其他年号）来仿制的，由于事出伧促，模具简陋，铸造并不精良。没过多久，这品独立特行、革命意味强烈的新式铜元很快就被淘汰了，但这种敢为天下先的革命精神与极为有限的铸造量，也使这枚铜元成为了中国近现代铜币的大珍，其收藏价值与历史意义无可估量，现已很难再见到。

1912年3月，中华民国临时军政府财政总长陈锦涛呈文临时大总统孙中山，请求设计发行新式革命货币，并得到了孙中山的批复，孙中山特意在批复上正式提出了铸造新式硬币的标准和定义。档案原文记载如下：“据该部呈称，拟另刊新模鼓铸纪念币，就中一千万元上刊第一期大总统肖像，流通遐迩，传为美声，其余通用新币花纹式样亦应一率更改，请将花纹酌定，颁发各省造币厂鼓铸，以资遵守等情前来。查币制改良，新民耳目，自属要图。所请以一千万元上刊第一期大总统像以为纪念一节，应予照准。其余通用新币中间应绘五谷模型，取丰岁足民之义，垂劝农务本之规。为此训令该部即便遵照，速将新模印就，分发各省造币厂照式鼓铸可也”。这是有据可查的中华民国时期第一件关于铸造新硬币、改革旧货币的法令，该法令颁布后不久，中华民国的第一次参议院会议召开，会议决议，以国旗五色旗与九星军旗（内外各九星，一共组成十八星）分列左右，一同作为铸币图案，并开铸“开国纪念币”铜元。全国各地遵照这一法令，立即开始了“开国纪念币”或“中华民国”字样新式铜元的铸造。而最先铸起义纪念币的江西却没有采纳大总统颁布的“嘉禾”图案，仍延用此前旧制“大汉铜币”的背图。安徽也在1912年仿照江西试制过“安徽铜币”，但没有成功，未发行。

民国　开国纪念铜元

而完全按照法令设计铸造新式开国纪年币的是武昌、南京两个造币厂。武昌造币厂主要生产楷书版的“开国纪念币”十文钱，并试制有五文、二十文两种样币，后两种未能发行。南京造币厂初期被列为中华民国中央造币厂，主要生产隶书版的“开国纪年币”。继两地造新币之后，全国各地纷纷响应，新式铜元很快便通行全国，并逐步在各地取代早期旧式纪念币的铜元。与此同时，也有一些地方也不曾采用“开国纪念币”样式铸钱，而是用“中华民国”国名、旗帜、图案来制作新版，这些省份有：湖南所铸的币名为“中华民国湖南铜元”或不带“湖南”二字的“中华民国铜元；河南所铸的币名为“中华民国当十铜元”或“当制钱十文”；山西所铸的币名为“中华铜币当制钱十文”；广东所铸的币名为“中华民国元年一仙铜币”；福建所铸的币名为“中华元宝”；四川所铸的币名为“中华民国元年四川铜币”；新疆所铸的币名为“中华民国元年新疆通用当红钱十文”“二十文”等（品种繁多、版式变化大），这是民国元年至二年开铸的情况。

民国　二十文铜元（俗称“大铜板）

民国　十文铜元（俗称“小铜板”）

1913年之后其他省份也开始铸造新式铜元。天津铸正面袁世凯、孙中山、黎元洪等头像，背面“中华民国嘉禾十文共和纪念币等；河北（张家口的口北造币厂）铸“中华铜币”十文、双枚；安徽（安庆造币厂）在1919年前后铸“中华民国开国纪念币”；陕西铸“陕西省造一分、二分；甘肃铸“中华民国开国纪念币二十文、沙版铜元等；云南铸唐继尧头像开国纪念币、一仙、贰仙、五仙铜币等；广西铸八年一仙；贵州铸黔字铜元、奉天铸东三省一分等。在整个民国时期，四川铸造铜元的时间最长、年份最多、面值最全、品种版式最复杂、产量最高、流通也最广，广西、贵州、奉天三省则仅有一两种投入流通，最大面值的流通币是200文，只有四川、河南大量铸造发行，最小面值的是民国三十七年铸的半分，500文币只有河南军阀在1930年前后铸造过，未正式发行。

此外，自从袁世凯窃取总统大权之后，中国进入北洋政府统治时期，公布了新的《国币条例》，正式规定银元为主币，铜元为辅币，由天津造币厂铸造二分（重二钱八分）、一分（重一钱八分）、五厘（重九分）、二厘（重四分五厘）、一厘（重二分五厘）五等紫铜元配合主币（袁大头银元）流通，其他地方也只允许奉天、南京、武昌、长沙、成都、广州、云南、重庆等地可铸辅币铜钱。新《条例》特别强调“国币之铸发权，专属于政府”，因此裁撤了全国一半以上的铜元造币厂，并规定袁世凯头像的一圆银币为“国币”。《国币条例》的颁布，在短时期内结束了全国各地混乱无序的铸币现状，为国家货币政策的进一步改革作出了一定的历史贡献。

民国　共和纪念铜币（袁世凯戎装）

1916年袁世凯冒天下之大不讳称帝，改元“洪宪”，湖南、新疆当政者趋炎附势，闻风而上，特别铸造了“洪宪元年”当十铜元（湖南）、“当红钱十文”（新疆）两种钱（极少），然而仅仅83天之后，窃国大盗袁世凯便一命呜呼，当初造币奉承的湖南、新疆主政者又赶紧改铸“中华民国”年号的铜元，徒留历史的笑柄。

民国　铝币

1927年国民革命军在孙中山领导下，发动“北伐战争”并取得胜利，国民党重新掌握了全国政

民国　铜币

权，并定都南京，地方军阀势力日益衰落，次年开始整顿金融货币，出台了《国币条例草案》十四条，规定在以“金本位”未实施以前，暂以纯银库平六钱四分零八毫为国币之本位，将新银元定为“国币”，辅币规定若干，其中铜币有一分和半分两种，现在江南地区常有所见。

1930 年，国民政府财政部正式颁布《中华民国国币条例》，明令禁止旧铜币的流通，然而铜币的使用并未立即停止，尤其是边远地区和穷乡僻壤，民间仍继续行用铜元进行交易。

民国　镍币

1933 年民国政府又废“两”改“元”，上海造币厂开始大量铸造孙中山像帆船的银元“一元”主币，新式铜辅币的铸造则一拖再拖没有立即铸造，但天津造币厂却铸造发行了与 1916 年圆孔系列一致的“中华民国二十二年”二分、一分、五厘三种，大量投入流通，被南京政府默认为法定辅币。在这期间，全国不少地方也未遵守国家法令，依然采取各种手段，铸造发行了多种地方版的民国铜元。比如河南 50 文、百文、500 文；云南一、二、五仙；新疆红钱十文、二十文等。这种情况的出现是蒋介石军阀独裁政权的本质所决定的，蒋介石操纵民国军政大权后，采取打击和拉拢的办法，各个击破地消弱各地军阀的军政大权，自然遭到各地的反对，各地军阀纷纷采取抵制措施，不听政府号令。对此，羽翼未丰的蒋介石也毫无办法，也不得不经常感叹“政令一出门都迹近废纸”。直到 1935 年，随着国民党政权统治基础的逐步稳定，这才进一步开始了统一币制、调控金融、消除货币旧制度的行动。于当年实行币改，规定政府统一颁布新式“法币”，禁止一切地方铸造铜元，只有上海的中央造币厂有铸币权，并开始铸造一分、半分两种古布图型铜元，作为法币的唯一铜辅币

民国　壹毫镍币

流通，以后这种辅币逐年铸造发行，计有25年、26年、27年、28年、29年、30年、37年七个年份，现在也多能常见。

民国“法币”的推行，正式取代了在中国流通数百年的制钱制度，自光绪末期以来延续了近半个世纪的辅币混乱状态得以结束。1937年抗战爆发后，上海中央铸币厂因受“淞沪战役”影响，被迫停止了铸造铜币，但其他地方出于自身利益的目的，时而也有少量铜币铸用，但这时期的铜币总体上退出了流通领域，而纸币从此登上了民国经济的舞台。可以说，民国铜元在民国历史上见证了轰轰烈烈“辛亥革命”的胜利，也历经了袁世凯篡权复辟的磨难，更为民国初期稳定经济秩序和巩固政权，提供了重要的经济保证，铜元的出现和消退是伴随着新旧两种社会制度的转变而呈现在人们的面前，是一段永远值得纪念的历史。

去伪存真

外币多仿汉钱制

这里所说的外币主要是指日本、朝鲜和安南（越南）铸钱，这些国家的铸钱，大都以仿制中国古钱“方孔圆形”面孔出现，有部分钱现在国内也多能常见，其中，尤以安南钱种类流入我国最多。

日本（满洲）
康德镍币

日本是最早开始使用汉字仿铸中国方孔圆钱的国家之一。据一些专家研究，日本早在奈良朝元明天皇和同元年（公元 708 年，相当于我国唐朝中宗景龙二年）开始仿效中国唐朝铸币铸“和同开珍”方孔圆形钱。到 19 世纪 60 年代，共铸行方孔圆钱达 32 种，但大部分都未曾流入我国，流入我国最多的一种日本钱，为“宽永通宝”钱，也是在日本铸行量最大的一种汉字钱。相传，我国在明朝实行钞、银、铜钱并行制度，但铜钱的铸量严重不足，明朝的十七位皇帝中，只有九代帝王铸过钱币，于是便允许唐、宋旧铜钱使用，这为民间私铸钱和流入中国的日本仿制汉钱的流通提供了重要条件，宽永钱便是流入行用的其中之一。

“宽永通宝”钱：始铸于日本第 108 代后水尾天皇宽永二年（公元 1626 年，相当于明朝天启五年），从宽永十三年起开始大量铸币，历经天明天皇至孝明天皇等十个皇朝，到 1867 年（相当于我国的清朝同治六年）因德川幕府灭亡而废止，前后长达 242 年之久。宽永钱有上千种版式，其中背文、元者较多见，背十六者少见。宽永钱最早于明末清初之时出现在我国山东等沿海省份。一方面是因山东等沿海省份物产丰富，经济发达，地处沿海港口，临近京都，是日本商人的理想口岸和贸易场所，也是日本商人采购和走私各种物资的重要活动地。另一方面，是日本不法商人以轻小铜钱换取我国重大铜钱，再回去溶铸轻小铜钱反销我国，从中牟取暴利的行为所致，而宽永钱又多为沿海地区民间所认同，所以私铸此钱甚多，流入也最多，时至今日也多能常见。

日本　宽永通宝（小钱）

日本　宽永通宝（大宽）

关于此钱，还曾在清朝乾隆初年引起一场不小的私铸钱风波疑案。据说当时江南沿海等地的官府并不知道宽永钱为日本钱，怀疑有人私铸，于是不敢隐瞒，只得上报朝廷，乾隆皇帝一听更是吃惊不小，因江南一带民间常有谋反事件发生（主要是天地会活动较频繁），并且另用了新年号，这无异于有人又起谋反之心。于是下令江、浙、闽各总督、巡抚严厉彻查，要严惩铸卖之人。幸亏江苏巡抚庄有恭的幕僚见多识广，道出此钱的来历。于是，两江总督尹继善和江苏巡抚庄有恭联名上书，讲出了此钱的来龙去脉，乾隆皇帝这才了解详情，并下令严禁商船携带倭钱入内，凡民间正在使用的，一律由官方收买销毁，至此，这一疑案才算了结，不过也造成了后期该钱不再多现的原因。

我个人早年曾藏此二枚“宽永通宝”背“文”钱，那时还不了解该钱的来历。上世纪八十年代中期，有关钱币方面的资料甚少，曾借旅游之便，前去南京博物院参观，想解开此钱之谜，但遗憾的是未见馆中有所藏。恰巧遇见了也来参观的广西玉林地区教师进修师范学院的蒋孟博先生，言谈间方知他也是一位泉藏爱好者，大约年长我二十多岁，一番言谈交流过后，相互留下了通信地址。回去后不久并收到蒋先生来信，首次将此钱的来历粗略作了些介绍，这才使我茅塞顿开，原来我所藏之钱居然是日本钱。以后多次通信再谈及此事，蒋先生有意用安南钱与我作对换，可我那时还年青，又加之对钱币知识认识肤浅，总觉得日本钱漂洋过海得来不易，一定很珍稀，故未曾应允。时至今日，我和蒋先生已失去联系三十余年之久，想必蒋先生早已得到此钱，但愿旧友至今安好，或已成为泉藏大家了。

高丽（朝鲜）钱种流传我国相对来说要比日本钱种类要多，也是仿我国汉字古钱的又一外币出处，但高丽钱制式却与我国古钱有所不同，常采用国名或地名而不用年号来作钱文。目前，从国内所能常见主要有五个品种。

“三韩通宝、重宝”钱：为高丽王朝肃宗（公元1095—1104年，我国北宋朝绍圣二年至崇宁二年）所铸小平铜钱，钱文有篆书、隶书、行书三种字体，分直读、旋读二种，均光背无文，制作较粗，边廓欠整，文字一般不甚清晰。唯独不见规范楷书，还有“三”字繁体异书者，目前国内

朝鲜　三韩重宝

尚不易见，而三字繁体如“式”字的钱极罕，存世仅一二品。重宝钱钱文楷书兼隶韵，分直读，旋读二种，均光背无文。因文字有大有小、边廓有宽有窄，又可分为数种版式，制作稍精，但都难见到。

“东国通宝、重宝”钱：为高丽王朝肃宗六年（公元 1101 年，我国北宋建中靖国元年）铸小平、折二铜钱，钱文有篆书、隶书、楷书、行书四种，多为对读，楷书旋读（极罕），均光背无文，版式较多，大小有变。折二钱制作精良，极其罕见，曾在朝鲜开城有出土。重宝钱钱文隶书光背，有大字大型直读和小字小型旋读二种版别，也很难见到。

朝鲜　东国通宝

“海东通宝、重宝”：为高丽肃宗七年（公元 1102 年，我国宋朝崇宁元年）铸小平钱，钱文“海东”取“黄海之东”之意，有篆、隶、真、行四种书体，篆书尤佳，多见为旋读，亦有楷书直读钱甚少，均光背无文，铸量较丰，除用于赏赐文武朝臣外，也作市场流通币用，故传世尚多，在我国也较能常见。重宝钱钱文楷书，旋读光背无文，形体浑厚，文字质朴，近似我国“乾元重宝”钱，流入我国不多，较为稀少。

朝鲜　海东重宝

以上三钱都是朝鲜最古的钱种，也是少见的精品，均为我国宋代时期朝鲜所铸铜钱。

“朝鲜通宝”钱：为高丽王朝将军李成桂于公元 1393 年废王自立，改国号为“朝鲜”，并分两个时期铸“朝鲜通宝”钱。前期为牵朝世宗五年至七年（公元 1423—1425 年，我国明朝永乐年间）所铸楷书小平钱，钱文直读，光背无文，制作精好，版式较多，传世也能多见，后期为仁

朝鲜　朝鲜通宝

祖李倧十一年（公元1633年，我国明朝崇祯六年）铸隶书小平钱，铜色黄褐，文字不甚规整，笔画粗细不一，钱体大小不等，有阔缘、窄缘、官铸、民铸之分，品类颇多，精粗不一，但隶书钱存世少，欲求甚难。另有当十大钱，特别罕见。

“常平通宝”钱：为朝鲜李朝仁祖李倧十一年（公元1633年，我国明朝崇祯六年）由常平厅设监始铸，故名“常平通宝”钱，有小平、折二、当五、当百四等（无当十钱），以折二钱品种及铸量最多。楷书直读，除初期光背无文外，后铸均有纪监、纪官、纪地、纪数、纪值、纪天干地支、五行八卦，以及录用“千字文”44字等，约数千种版式，此后，还曾于公元1891年（清光绪十七年）铸机制黄铜钱，该钱前后行用长达260余年，现在我国较为常见，钱铜色黄润、文字端丽者为早期宫铸；笔画呆板、制作不精者为后期官铸；而文字拙劣、铜质发黑者，多为私铸。

安南即今越南，因公元679年唐朝在南越设安南都护府，安南的名称由此而来。关于“安南”变成“越南”国名的由来，还有一段不为人知之处。据史载：阮氏政权兴起于越南南部，后不断武力扩张，最终吞并真腊（为中南半岛古国，明朝万历后改称柬埔寨）后一统全越，出于彰显阮氏基业源远流长且正大光明的用意，阮朝开国君主阮福映强烈主张将国号改为“南越”，但清政府认为历史上的“南越”涵括着广东、广西等大片地区，这与其所统治属地交州（越南北部和中部地区）地区不相符，而不予采纳。阮福映不肯罢休，再三争取，并且扬言如不能如愿以尝，将不再接受清廷的册封，出于无奈，清廷只得采取折中的办法，将“南越”颠倒为“越南”，赋之以“越字冠于上仍其先世疆域，南字列于下表其新赐藩封”的新意，至此，“越南”这个新国号首次在阮朝时期出现，并沿用至今。

安南钱沿袭我国古代年号钱型制，在不同时期都有铸钱，种类繁多，流入我国也最多，尤其是后期各个时期铸钱几乎都有流入。

这是因为自秦始皇三十三年（公元前213年）派大将蒙恬占领百越，置桂林、象郡、南海三郡开始，至宋朝初年的一千多年间，安南（越南）中、北部一直属于中国领土，政治上受当时中原政权的直接统治，经济上与当时的汉、三国（吴）、南北朝、隋、唐、五代都保持一致。这段时间，越南的经济受中原先进经济的影响，由原始氏族社会快速进入到封建社会，且大都使用当时的中国钱币。直到公元966年（时值北宋乾德三年），丁部零乘北宋忙于国内战争，对安南地区无暇顾及之际，建立了第一个封建独立的大瞿越国，取年号太平，史称丁朝，共立国12年，并开铸越南历史上第一枚“太平兴宝”小平铜钱，钱文“太”字写成“大”字，有光背、穿上丁、穿下丁、穿下反丁四种版式，但铸量少，也早于宋太宗太平兴国年间的“太平通宝”钱，但其后丁部零之子虽铸有“天福镇宝”背“黎”钱，因铸量少未见有流入记载。此后李朝建立共传8世，也仅太祖、太宗有铸钱记载，却不曾多铸，多作为赏钱之用，民间行用仍以中国钱为主。

陈朝建立后，所铸之钱也不多，仅个别铸钱曾流入我国，主要是后黎朝时期往后所铸钱流入我国最多，概括起来主要有二十多品种。

“大治元宝、通宝”钱：为陈朝裕宗大治年间（公元1358—1368年，我国元朝至正十七年至明朝洪武元年）铸，钱文有楷体、行、隶、篆四体，旋读者多，亦有楷书和行书直读钱，均光背无文，版式繁杂，铸量尚丰，因历年战乱加之外族入侵掠夺，致今存世品极少。通宝钱有楷、行、隶、篆四种书体，版式较繁，多为光背直读，制作稍工整，边廓尚整，传世其甚少不易见。

“圣元通宝”钱：为胡朝元年（公元1400年，我国明朝建文二年）铸小平钱，有楷书和篆书两种，胡朝建大虞国后七年，明朝出兵灭胡，所以铸量不多，存世也少，现广西地区偶有能见。

“绍平通宝”钱：为后黎朝太宗绍平年间（公元1434—1439年，

我国明朝宣德、正统年间）铸小平钱，钱文楷书直读，通宝二字略带隶韵，光背无文，边廓修整，存世较多，比较容易找到。

“大宝通宝”钱：为后黎朝太宗大宝年间（公元 1440 — 1442 年，我国明朝正统年间）铸小平钱，钱文楷书直读，光背无文，文笔清秀，章法严谨，标志着后黎朝铸钱工艺渐趋成熟，国内也能有见。

“大和通宝”钱：为后黎朝仁宗大和年间（公元 1443 — 1453 年，明朝正统、景泰年间）铸小平钱，钱文楷书直读，光背无文，边廓修整，形体较薄，存世较丰，较多见。

“延宁通宝”钱：为后黎朝仁宗延宁元年（公元 1454 年）铸小平钱，铜色赤红，钱文楷书直读，面廓坚挺匀称，背稍平无文，文字秀美遒劲，颇富崇宁钱风格，在安南钱文中独秀一枝，传世甚少，为安南钱中的稀罕精品，也多常见。

安南　延宁通宝

“天兴通宝”钱：为后黎朝废帝于天兴地年（公元 1459 年，我国明朝天顺年间）铸小平钱，钱文楷书直读，光背无文，钱体稍薄，边廓尚整，有大小之分，铸量极少，偶有流入我国者。

“景统通宝”钱：为后黎朝宪宗景统年间（公元 1497—1503 年，我国明朝明弘治年间）铸小平钱，钱文楷书直读，光背无文，缘阔字壮，制作精工，背多内外廓粗壮者，版式较多，传世亦广，国内多常见，据传也曾铸有铁钱，但未见其实物。

“永寿通宝、之宝”钱：为后黎神宗永寿年间（公元 1658-1661 年，中国清朝顺治十五年至十八年）铸小平钱，有楷书、行书两种文体，直读光背无文，分红、黄铜二种，红钱居多，体薄缘阔，背廓欠整，制作粗疏，有大小之分，版式较多，存世量大，传世甚广，国内有见。另有“永

安南　永寿通宝

寿之宝”，制作更恶，但十分罕见。

景兴宝钱：为后黎朝显宗景兴年（公元 1740—1777 年，我国清朝乾隆五年至四十二年）铸小平、折二钱，为安南历史上铸年最长、品种最多，数量最大的一种钱币。钱文直读，有楷、行、隶、篆多种书体，文字变化各异。除光背或有星号外，楷书钱背尚有干支纪年（庚申、辛酉、壬戌）、纪地（京、山西、山南、平南）、纪方位、数字等（中、北、西、二、三、大、工），品类纷繁，较常见。另有背铸“一两”大钱。除通宝钱外，景兴三十七年间，更铸有：巨宝、大宝、太宝、内宝、至宝、重宝、中宝、正宝、泉宝、之宝、用宝、宋宝、宣宝、永宝、顺宝等十多种宝号钱，大小不一，轻重各异，面背文字、纹号各不相同。其中“景兴顺宝”则是景兴三十七年以废旧铜炮等兵器熔铸而成。多宝钱铜黑钱薄、制作粗陋而颇失丰采，时令藏家扼腕心叹。其中，背“北”折二大宝钱、中宝钱、内宝钱都较珍稀，不易见。

“昭统通宝”钱：为后黎朝愍帝昭统元年（公元 1787 年，我国清朝乾隆五十二年）始铸，此钱系搜刮庙宇铜像浇铸而成，有背文大、小版式数种，一般为阔缘小字，钱文楷书直读，章法欠工，结构偏紧，除光背者外，还有背文“中”“一”“正”“山”“太”“山南”等字，系仿景兴钱纪地、纪数等，存世甚丰，较常见。

安南　昭统通宝

“明德通宝”钱：为莫朝太祖明德元年（公元 1527 年，我国明朝嘉靖六年）铸小平钱，钱文楷书直读，书体端正，光背无文，制作尚工，存世甚少，与后世黎朝西山义军阮氏兄弟所铸背文“万岁”之“明德通宝钱”迥异，审定时可要多加留意，以免混淆。

莫朝后世铸钱如“大正通宝”钱、“广和通宝”钱、“有光通宝”钱均少，一般不常见，这里不再一一细说。

“景盛通宝”钱 阮朝光宗景盛年间（公元1792年—公元1802年，我国乾隆五十七年至嘉庆七年）铸小平钱，楷书直读，光背无文，钱体稍薄，边廓较浅，版式复杂，铸量尚丰，较多见。通宝大花钱稀罕，大宝钱铸量小而较少见。

“宝兴通宝”钱：为阮朝光宗宝兴年间（公元1801年—1802年）铸宝兴小平钱，因该年号很短，所铸钱则更稀珍，几无所见。值得注意的是，景兴钱在越南民间和中国广东地区民间也曾有私铸大、小钱出现，但钱文不整，铜色稍暗，现国内南方市场上也多见，需要认真区别。

“明命通宝”钱：为阮朝圣祖明命年间（公元1820年—1841年，我国清朝道光元年至二十一年）铸小平铜、锌钱，楷书秉隶，钱文直，光背无文，美号大钱背文多选中国传统经典四书五经中反映儒家思想的文字作为铭文，有四字和八字者，以一当百，均稀罕。现通宝钱较常见。

此间，阮朝在嘉隆和明命时期大力推广使用锌钱，多不为大家所共认，反而造成了富户不敢私藏，邻国来商者又不敢带回。可见此种锌钱不但有利于当地民众行用，更有利于国家，这也是受中国五代十国时期楚国广铸铁铅钱而不为外人所用的货币政策影响和启发，是保持小国货币稳定的一种有效方法。

“绍治通宝”钱：阮朝宪祖于绍治元年（公元1841年，我国清朝道光至二十一年）三月始铸小平铜、锌钱，有大小之分，楷书直读，光背无文，铸量尚多，一般可常见。锌钱背有“河内”二字记地，大铜钱阴文楷书直读，背文为各种经文语，达四十余种，另有“绍治通宝”金、银币，大如小平，这几种钱铸量都少，比较珍稀，不易常见。

“嗣德通宝、宝钞、重宝”钱：为阮翼祖嗣德年间（公元1848—1883年，我国清朝道光至二十八年至清光绪八年）铸小平铜钱、锌钱、美号大铜钱、嗣德宝钞和嗣德重宝几品，小平版式多样，楷书直读，有光背和背纪地之分，背纪地者少，还有嗣德通宝小平背后“六文”者，指值锌钱六枚。锌钱有光背和纪地，美号大铜钱较稀少。值得一提的是嗣德宝钞的出现是嗣德十四年，阮朝根据清咸丰宝钞的发行方法，

安南　嗣德通宝

发行了铜钱式的“嗣德宝钞”，共分六等，背文为“准十文”至“准六十文”，即指当锌钱十枚至六十枚算，目前所见有两种，一种为嗣德十四年按重量标准所铸的重钱较罕见，另一种为嗣德二十三年重量标准铸造的轻钱也较稀少。重宝钱背“安南八文”钱，有铜、锌两种均罕见。宝钞和重宝钱在国内难得一见。

“建福通宝”钱：为阮朝简宗（公元1884年，我国清朝光绪九年）铸铜钱、锌钱，钱文楷书光背直读，品种单一，存世不多，较稀珍。因与法国殖民者签定《顺化条约》卖国，朝野气愤，即位不到一年就被大臣所废，该钱国内难见，偶有得之。

“咸宜通宝”钱：阮朝宜帝咸宜元年（公元1884年，我国清朝光绪九年）6月铸小平钱，钱体薄小，钱文楷书直读，有光背和“六文”两种，因铸量少较罕见。由于阮宜帝不甘心听命于法国殖民者，于1885年7月5日发动顺化起义，由于准备不充分而失败，法国人便把阮福升（景宗）扶上了帝位，改元同庆年。据说该钱在我国广西、云南等地曾有一二枚出现，详情不知。

“同庆通宝”钱：阮朝景宗同庆元年（公元1885—1889年，我国清朝光绪十年至十四年）铸小平、折二铜钱，钱文均楷书光背直读，小钱也不多，折二钱更少，分别值锌钱6枚和10枚。另有稍薄型美号大钱，稀罕难得，一般国内不多见。

“成泰通宝”钱：为阮成泰帝成泰年间（公元1890-1906年，我国清光绪十五年至三十二年）铸小平楷书铜钱，分为大小两种，

有光背、六文和十文三种版式，光背和十文者多见，其中背六文者非常稀少，赝品居多。

“维新通宝”钱：阮朝维新帝维新年间（公元1907年—1916年，我国清光绪三十三年至民国五年）铸小平钱，钱文楷书直读，背为十文，铸量尚多，目前国内较能常见。由于维新帝不愿做法国人的傀儡，参与了越南光复会的起义策划，被法国殖民者逮捕后流放。

安南　维新通宝

“启定通宝”钱：为阮朝启定帝（公元1916—1925年，我国民国五年至十四年）早期铸有小平铜钱，面文楷书直读，光背无文，文笔古朴而具辽钱风韵，但量少传世不多。后大量铸机制小平钱，分无廓、有廓小钱二种，数量很大，多常见，启定钱在越南铸币史上可视为末代帝王铸的最后一种古钱币。

“保大通宝”钱：阮朝保大帝保大元年（公元1926年—1945年，我国民国十五年至三十四年）铸小平钱，有行书和宋书两种版式，分光背和背十文两种，字口均不清，其中宋体字者稀，其余均常见。另铸机制币，较多见。保大帝虽为越南最后一帝，但后期因与日本人合作，类似于我国清末帝宣统帝一样的命运，故在越南多不作末帝来称。这是因为1940年9月以前，越南属法国殖民地，后日本战胜法国，以协议形式占领越南，保大帝又成为日本人的傀儡政权。1945年8月30日，日本投降后，保大帝向越南独立同盟的代表交出权利，宣布退位。

保大帝的退位标志着越南最后一个封建王朝统治的结束，同时也宣告了“汉字方孔钱”正式退出越南的历史舞台。

泉市珍钱常有假

泉藏爱好总不会一帆风顺，尤其是在集币缺项的补齐上，初入门者往往都有急于求成的心理，尤其是遇到难得一见的珍品，更有恋恋不舍之情，其实这不是理性收藏的表现，而是急功近利的心态反映。

宋代　大观通宝（私铸花钱）

有句俗话说得好，心急吃不了热豆腐。我觉得这句俗话用在收藏上也更有启发意义，心急不仅容易乱中出错、看花眼，给自己造成不必要的经济损失，也容易导致屡屡受挫过后，对收藏失去信心，半途而废。这里我也结合个人这些年来藏泉过程中所吃过的亏，分享给大家，让大家也少走弯路。

在我国古币史上不乏一些珍稀品种，由于近年来收藏热的兴起，众人驱之若鹜，使其身价百倍，而一些不法商人乘机大量制作赝品，以假乱真，骗取钱财，既坑害了泉藏爱好者，也扰乱了泉币市场。面对这种乱象，我个人以为，兴趣爱好的培养需要有一个日积月累的过程，只有在不断总结前人经验的基础上，才能系统地把握收藏鉴别的规律，才能更好地为我所用，切不可有急于求成的错误想法，只有收藏知识和见识越来越丰富了，收获才会更大，甚至有“漏”可捡。

在识别做假手法这个问题上，我结合个人的一点小经验，作一个简要剖析，为大家提供一点帮助，目前，最常见的做假手法，大致可分为五类：

第一类是“翻砂新铸、酸洗腐蚀”做旧法。我记得第一次上当受骗，就是碰上了这种类型。那次，我吃完晚饭，出去散步，不曾想在路过一天桥时，看到一个朴实农民打扮的小哥在桥上摆地摊，面前有几张旧报纸，摆放着各种各样的旧器物，粗略一看都是些民间最常见的旧物件和一小堆碎瓷片，出于对古董的天性爱好，我便停下脚步，蹲下身来看了看，也问了问有没有小铜钱。那个小哥见我问货，便从一个破包里翻出一串用铁丝穿起来的旧铜钱，大约有三十多枚左右，我随手翻了翻，里面不仅有常能见到的普品五铢钱、宋钱和清钱，也有“汉兴”“建国重宝”“天佑通宝”“皇帝通宝”等珍稀小钱，那一刻简直用心喜若狂来形容也不为过，毕竟这几枚珍稀小钱都是我的缺项。于是赶紧借着路灯的光亮，怎么看都觉得是真的，再问这些钱是从哪里弄来的。对方回答，他是洛阳新安县农村的一名开挖掘机的操作工，因经常帮人家挖土方、挖路基等活儿，时常能挖到一些古件，现在活儿少了，拿出这些旧货来变俩小钱花。对

民国　开国纪念铜元（伪币）

晚清　皇帝通宝（伪币）

这种劣挫坑人的说词，本该引起高度警觉，可我当时只想这些钱来之不易，尽快收入囊中为好，所以也没多想，觉得他干挖掘的活儿，常挖出古董也不是什么新鲜事，于是眼也没多眨一下，掏出几百大洋就将此串小古钱全收了，还怕对方反悔，急忙起身回家，一路上心里真是乐开了花，真以为自己捡到了大便宜。可到家后，急忙将那几枚珍钱上的土皮清理干净后，再一看就觉得有点儿不对劲了，尤其是钱面上的铜锈斑，怎么看都不像是开门老坑货，赶紧将这些钱洗干净，又用医用酒精倒在白瓷碗里，将这几枚珍钱泡进去，次日早晨睁眼一看，那一碗黑水（铜锈水一般泛青绿色）不说，捞出来的钱币，一个个新铜败露，就连酸液腐蚀做旧后的细孔，肉眼都能看得清清楚楚，那一刻真想把碗都给砸了。从这个现象不难看出，这是做假者，用高仿的手段将新铸钱故意用酸料腐蚀做旧，以达到以假乱真的效果，这种方法早先较为多见，但容易露马脚，据说现在已不再多用。

金代　至宁元宝（伪币）

第二类是“用旧钱熔铸翻新”做假法。一次在报国寺钱币市场里转悠，忽见一枚“大元通宝”楷书小平光背钱，顿时眼睛一亮，凑过去左看右看，怎么看都觉得真货无疑，而且要价奇高，对方也一个劲吹虚，说这枚古钱是从内蒙古苏尼特左旗一牧民家中所得，是难得的老坑货。正想开口和对方讨价还价之机，忽然一位中年人，看样子也是一位泉藏爱好者，也蹲下身来将这枚古钱看了又看，我问他，这钱是真的吗？他也犹豫不决，说看色泽和字口形状以及元钱的特征，像是一枚真钱，可又总觉得哪儿有点不对劲，说不上来是真还是假。我又拿过来看了看，其实，我那时候对元钱的特征还不是很了解，真假更难分辨，但从一般钱币的表面特征上来看，也觉得像是真钱。就在我下不了决心的当口，不曾想那位中年人突然拿过钱去，轻轻向空中一抛，随着小钱落地发出叮叮当当的声响，那位中年人似乎在认真细听，随后又重复了几次最终摇摇头直起身走了。那个卖家似乎很不高兴，捡起钱急忙收起，红着脸一个劲儿朝那位中年人的背影嚷嚷，钱弄坏了你陪呀？不想买别瞎掰。我一见此情，也打消了买钱的念头，赶紧追上前去，问是怎么回事，那位中年人只丢下一句，听声音就不像真的。当时，我也不明白，听声音咋就能知道真假了？还是后来遇见了一位内行人告诉我，现在大多造假钱的，都是用旧币熔炉翻新模来高仿，因旧钱在熔化过程中，含有大量杂质，只要稍加做旧，用封蜡和牛皮细心打磨，就与古钱相差无几了，只凭肉眼看，是看不出什么假相来，但钱面较灰暗，很像开门老钱，可是听声音就能辨出真假了。这是因为大多数旧钱因岁月长久，大都在铜质表面形成了比较坚固的氧化物，即钙化，一般不易去除，其铜锈一般色泽光亮，个别保存不好的老钱，虽表面也灰暗，但其里面的铜质钙化很均匀，碰撞后会发出沉闷的声音，而新铸钱钙化不均匀，声音仍留有铜质的清脆声，就可以判断为仿铸品。据说，这种做假方法，并非现在所创，古今有之，目前也最为常见，很容易以假充真。

第三类是“以旧物改刻高仿品”做赝法。这种方法一般人会想不到，但就是因为想不到而看走了眼的事经常发生。本人曾在呼和浩特市大昭寺购得一枚价高的“至宁元宝”折五钱，当时因对金代铸钱知识了解甚少，更不知人世间仅此一品孤钱独存。偶然一见，无论是用常用的土办法闻铜腥味、舔味道、观其色，都没有不正常的现象，认为此钱必真无疑，一狠心便买了下来。回到家中对照钱谱一看，世仅孤品，可我得了此钱，说不定就是如获至宝的新发现，带着一分侥幸，赶忙去找行家鉴定，人家一眼就看出了破绽，是电脑刻字法做成的高仿品。其实，此法并无新意，古代也早有，通常是用旧钱或古铜镜等材质作底料，只不过利用了现代电脑照排刻字法的创新手法融合在造假手法上，初看上去，制作、锈色、包浆等都相当的好，所以我的“土办法”百试才不灵，文字看上去笔锋挺直，不像旧钱经过长期自然磨损而形成特有的滑润养眼，总有一种呆滞感，只要用高倍放大镜一看，一点也没有自然磨出的磕碰痕迹。据说现今许多仿清代雕母钱，就是用此法来做假，所以上当的人也最多。

第四类是“老钱换字挖补”充真法。那次去绍兴，我在离鲁迅纪念馆不远处的古玩市场里转了一圈，本想多得点南宋钱，可是在整个市场转了一上午也没见到几枚南宋钱。正有点失望之际，一位看上去年岁不算很大的小伙子操着一口浓重的吴越方言，主动跟我搭讪，问我是不是在找南宋钱？我只看了对方一眼点点头，他笑口颜开，说跟我来，他那儿有，在一个不起眼的拐角处，对方拿出几枚南宋钱递给我看，这不看不要紧，一看还真让我吃了一惊，在那几枚包浆很好的绍兴钱、嘉定钱、咸淳钱中，居然还夹杂着一枚“纯熙元宝”（背上“同”）小平铁钱。虽然该铁钱锈蚀较重，纯字已模糊不清，但其他三字却一眼能辨认。要知道纯熙钱可是国之珍宝，根据文献记载推算，南宋第二位皇帝孝宗于乾道九年（公元1173年）癸巳冬至，宣天下改元纯熙起，到甲辰日重改年号“淳熙”止，前后历时共六天，纯熙年号即被废止。后来据传曾在江苏高邮（南宋重要铁钱出产地）出土过一枚“纯熙元宝”小平铁钱，为传世之孤品。据我个人分析，此钱之所以能出世，应该是官方文书下达后，传送至高邮铸铁钱样品，估计样钱铸成后正送往绍兴朝廷审阅的路上，便接到了“纯熙元宝”钱废止的官令，从而改铸“淳熙元宝”钱，由于过去交通不发达，传令都要靠人骑马送信，在这五六天的间隔里，才会发生纯熙样钱还未送到，新官令还在路上的原因。如果这位老弟果真能得到此钱真品，也应该是从宫中样钱里流失民间的又一珍品钱了，幸亏我对此钱印象深刻，其历史背景也较熟知，所以当此钱拿在手里时，怎么看都觉得“纯”字有点与其他字有差别，虽与锈蚀有关，但还是能看出一些不“纯”之处。我便试着问他，此钱从哪里得来的，价码多少？那位老弟推说自己这些年专做南宋钱已好多年了，只因眼下钱币交易不太景气，大多价高美品钱都成了“有价无市”的压手货，现在也只能低价出售，给八千吧！要说这位老弟说的有鼻子有眼睛，也都是行情事实，可我仍不放心，拿出随身带的放大镜，对此钱细细看了个究竟，其他三字均未曾发现任何瑕疵，也确实是老货无疑，唯独这个“纯”有改笔的痕迹，而背面穿下也似乎有故意磨损的深痕，经过细细辩识，忽然我想起了“绍熙元宝”小平铁钱曾铸有背“同二”钱，也就是说，我手里这枚纯熙铁钱应为绍熙铁钱所改刻，并将背面穿下的“二”字故意挖去了。为了进一步论证我的判断，我随即问对方，你手里有没有绍熙小平背同二铁钱？对方猛然一楞，眼神显得异常慌乱地告诉我，没有，也没听说过！作为一位从事南宋钱交易多年的人，怎么可能不知有绍熙钱呢？但对方还是装出一副非常镇定的样子，摧问我买不买？我也很不客气地告诉他，你说你这假钱我会买吗？对方顿时哑口无言，把脸一拉，抓起我手里的钱币转身就走，连头也没再回一下。假钱被揭穿了，大家也许会问，这到底是怎么回事？其实很简单，此种做假钱的手法还是老祖宗们传下来的，用挖补或改刻的方法来做假钱，就是把最常见的古钱挖去或改写一两个字或者一两个笔画，使其更像另一种珍钱上的文字，再经过人为地做旧，从而使该钱变成一枚稀有的古钱。由于这种钱的改刻字与原文字都不是很协调或不太统一，常给人以不伦不类的感觉，若不多加留心，很可能会当珍品来误判，从而上当受骗。

第五类是机制冲压出伪币。记得那次在内蒙古大昭寺一家古玩店里，发现了二十枚民国不同时期的铜元，尤其是其中一枚“哈尔滨壹分”（军舰图）铜币，更是难得的珍品。当时，这些铜元拿在手里无论从材质、图样和版式，怎么看都不像是假钱。由于此前，我对铜币研究不深不细，也就全买了下来，回到家后，翻开图谱一一对照，这才发现，这些钱全是直径比原品大一毫米左右的伪品。当时，对此现象不甚了解，后与一名铸造工程师聊天后才得知，铜因材质较软，无论是新铜还是旧铜，在机器冲压的过程中都会产生膨胀的现象，加之私铸所用的机器和模具一般都不如铸币机器精密度高，所以伪铸之钱一般都比原币略微大一点点。目前，市面上大多数高价值的银币和铜币都是采用这种方法来仿制的。

从以上五个真实的事例不难看出，由于受利益驱动的影响，目前，泉藏交易市场鱼龙混杂的现象仍比较普遍，特别是珍品稀缺钱的做假，反而破坏了古钱珍币的好名声，从而也影响到时下藏币交易价格的巨大波动，这也是导致近几年币市名声不太好的一个重要原因。为避免初藏爱好者上当受骗，除在购买珍币时多加小心之外，更要多了解钱币历史的相关常识，毕竟珍品都是传世的稀罕之物，偶有发现也是相当难得的奇事，决不可能天上掉馅饼必砸到你的头上，要多通过常去有珍币所藏的博物馆去多看、多了解、多接触实物，多积累鉴别古币的实践经验，才能提高我们辨别藏币真伪的能力，这也是进入泉界收藏不可省略的必由之路。

谎言背后多陷阱

利益总会驱动人的私心，并利用一切手段牟取暴利。这种现象在泉藏交易过程中，也会时常发生。特别是个别骗子的谎言名目繁多，花样百出，常使不少藏友上当受骗，现结合我个人在收藏过程中的一些所见所闻，在这里总结出来，给大家提供一点收藏借鉴。

谎言之一：切忌卖家诉悲情。人要有善心，但不是对谁都要善良。记得早几年那次在北京大钟寺古玩市场门前，遇见一位老者，听口音是河北人，观其穿着像是位本分的农民，也像大多数交易人一样在地上摆了个小摊，上面只摆放了一件旧瓷枕和一个老旧碗，东西少得可怜。在通常情况下，我是不会多看这些东西的，偏偏那天看老者样子不像是个“走单帮”的水客，加之，那个小青花碗里有一“春”字也很特别，就好奇地拿在手里看了看，老者言语不多，只问我，要不？我说只随便看看，不知为何又多问了一句，就这两件？老人点点头。我又问有铜钱吗？老人见我问话，便从衣兜里掏出一个手帕卷，里面放着一枚用红线绳穿着的大安小钱挂件。我一看是枚“大安元宝”(较常见的短安)，属小平辽钱，货还算可以，就问他多少钱？老人似乎不愿多说，忍了好一会儿，才告诉我，这个挂钱原来是他小孙子佩戴的平安符，只因小孙子去年夏天溺水死了，留下这个唯一遗物常带在身边作个纪念，现在娃儿奶奶又病倒了没钱治病，这才不得不把家里两件旧件拿出来换点钱救命，你既然问我有没有铜钱，我身上只有这一个，反正头几年有个收古董的曾想要，我没卖。后来听懂行的人说，这个钱也挺值钱，能卖个五六百没问题，要不是现在等钱用，我是不会卖的，你实在想要就拿去，不过要给个好价。说实话，这枚钱我确实是想要，按当时市价也就是个二三百块钱左右，但又不好意思开口坎价钱，尤其是老人把心爱之物拿出来换钱治病救人，就更不好意思给老人杀价了，我把身上仅有的六百块钱全掏给了他，带着这枚大安钱走了。过了仅半个月左右，我又去了趟大钟寺，还是照往常一样在里面转了一圈，不曾想，那个老者又在里面摆了个摊，还是那两件物品，我本想过去再问问他怎么还没卖出去？人还没到他跟前，只见那个老者摊前又蹲了个人，为不影响人家做生意，我就一直远远地看着，双方交流了不一会儿，突然又见那个老者从衣兜里掏出一个手帕卷，只不过拿出来的手帕里不再是上次卖我的铜钱，而是一个系着红绳的小黄玉坠儿，没过多会儿，掏宝人扔下一把钱走了，我赶紧凑上前去问，这个小玉坠多少钱？对方说两千，其实就是个新货根本不像是个老货，我就试着问，是不是他孙子以前佩戴的，而且现在急等着换钱给他老伴治病？那个买家见我如此说，便直楞着眼问我怎么知道的？我说我比你早上半个月的当，说完了我转身走了，好像那个掏宝人反悔了，急返身朝老者而去。俗话说，骗子的嘴巴像把刀，为达目的从不心慈手软。

这个老者其实就是个老江湖，只不过是巧借别人的善良，变换了下道具，就轻而易举地赢得了买方的同情心，从而能够多赚些钱，这种欺骗方法在收藏界也称“埋地雷”。若遇到这种情况，还是不要轻信谎言，更不要越“雷池一步”，别再让“我本善良”当成了骗子赚钱的工具来利用，该坎价时别手软，该出手时再出手。

谎言之二：切忌卖家讲故事。前些年，我在山西太原曾遇到过这样一件事，一个朋友的哥哥在当地开小面馆，靠挣点小钱养家糊口，因受想挣大钱一夜暴富的心理作祟，苦于没机会，后来有一天，小面馆里来了一个外地人，吃完一碗面付账时就悄悄问他，太原古玩市场在哪里，进市场卖货有什么规定没有？他就顺口把路给人家一指，不知为什么又好奇地多问了一句，你问这干嘛？对方说，他家老宅拆房子翻建，从地基下挖出一坛袁大头银元来，想去换点现钱用。朋友哥哥一听，顿时来了精神，问究竟是怎么回事？那位客人也不隐瞒，说爷爷早先曾是一个有钱的地主，后来在“文革”期间被红卫兵整死的经过说了一遍，爷爷死后只留下一座老宅子，因年久失修，前几天拆了要翻建新房，在挖地基时不曾想会挖出来一坛银元来。朋友哥哥本人又不懂银元常识，只知道如今银元很值钱，就让对方拿出来看看，那个客人取出随身带的十几枚“袁大头”递给他看，据说那些银元很旧，而且还有泥土的残痕，不像有假，又问共挖出多少枚，对方说有个二百四十多枚。或许是鬼迷心窍，朋友哥哥就想全买下来，可又不放心，就随便挑了两枚买下来，让客人先等着，自己独自打车去古玩市场找行家鉴定，果不出所料，两枚大银洋还都是真货，而且价钱都在六百元左右一枚。这下可让朋友哥哥动心思了，回到面馆就跟对方协商价钱，最终以二百八一枚全部包下。没过两天，那个客人果真拿着带泥土的银元送上门来，并提走了近七万块钱现金。朋友哥哥很开心，毕竟这些银元一转手又可以多赚一倍，可当他带着这一大包“袁大头”去古玩城找下家出手时，人家说这些都是假币，朋友哥哥顿时傻了眼，又跑到北京找专门机构鉴定，成份分析结果是银的含量不足百分之十，其他都是铅、镍、锌等合金，可再打电话联系，对方早已停机，后据说报警了也没能抓到人挽回损失。从这个事例不难看出，许多骗子正是利用了不懂行人想挣钱的心理，花言巧语讲故事，让你信以为真，便拿出真样钱让你去鉴定，而后才拿出大量借钱调包，所以对不懂行的人来说，切不可偏听偏信这些“故事”里的谎言。

谎言之三：切忌卖家编传奇。有些卖家为了多挣钱，经常把自己得来的钱币粉饰得十分传奇，以获取买家的信任，这里面往往陷阱很深。我那次去河南巩义，顺便去宋陵公园参观，门口有不少卖古玩杂件的人。在八陵村附近，偶遇一位卖古董的生意人，我便过去看了看，在一个摊位前的一堆杂钱里随便翻看，摊主见我对古钱感兴趣，就跟我道出了实情，他这堆钱不值钱，他们村里有一个专门从事收售古钱的哥们，他那里真钱多。当时直说得我心里痒痒，就一个劲儿地问他此人怎么找，摊主就先要我五十块钱当带路引见费，随后，我便跟他一起打车七转八拐到了一户人家。我和那家主人见面后说明了来意，那家主人很热情，拿出十多枚新货，摆放在我面前，并将这些钱的来历一一细说了个遍，其中，说到一枚“宣和元宝”隶书小平大字钱时，对方先跟我侃了一番该钱的稀少，同时又告我此钱是他从老家八陵村弄来的，听他那意思，他家祖辈上都是宋陵的守陵人，每年皇帝大祭都要给守陵人送赏钱，所以村里人有宋钱的人家特别多，现在也常能在他们村里挖到一些美品珍钱，而这枚钱共收了 2 枚。两个月前，有个日本人从他这里要买走了一枚和一些其他美品钱。我将此钱拿在手里，模样确实精美，可怎么看也觉得有点儿不对劲，根本不像是老钱，反而更像是现代的高仿品，特别是钱面上的锈色，更令我怀疑，我幸亏头脑当时没发热，以价高为由走了。倘若当时不了解情况，一味地偏听偏信卖家的传奇之事非上当不可。

谎言之四：切忌卖家来支招。有次在济南英雄山古玩市场，看到有卖钱币的中年人，跟前放了好几本钱册，而且每个钱册里的古钱都有明细的分类，我随手翻了几本，也相中了几枚钱，就开始问价，或许是对方见我想要的都是普品五铢钱的原因，在论价时，对方故意将一枚型制尚精美的汉五铢钱的价格抬得很高，我嫌他要价太高，对方却一本正经地对我说，这是一枚美品陈五铢钱，我当时怎么看也怎么不像，更像是一枚宣帝五铢钱，可对方一再强调，说我不懂，他玩钱已有些历史了，对钱的各种制式和字样研究很透，并且还拿出一枚郡国五铢钱来与此作比对，口口声声告诉我这才是宣帝五铢钱，我当时就对他双目圆瞪，还真以为我不懂，居然指鹿为马想蒙我，而且还让旁边一位卖钱的货主，一起来帮助指说，我非常生气，并将郡国五铢钱的特征和宣帝五铢钱以及陈五铢钱的样制一一说了出来，对方顿时傻眼了，便以不卖为由撵我走。由此也不难看出，如果对各种钱制特征不了解，个别卖家很可能将普品钱冒充相近的高价钱来骗人，所以说，对方讲得头头是道也不要轻信，对方给你支招的目的，还是引你上当受骗。

当然，在买卖交易过程中，除以上四种谎言外，其他骗术也经常会发生，骗子总会利用各种谎言来自圆其说，设下陷阱，让你在不知不觉中，轻信他的花言巧语。因此，面对这种不良卖家，一定要多长几个心眼，不要轻意上当，尤其是初入门者，不懂也不要装懂，宁可不买，也不要听其言而遭自损。

后 记

前后历时半年之久，终于将此书稿可以搁笔了。回顾近两百余个日日夜夜的勤耕，实可谓苦尽甘来，毕竟中国历史悠长，钱史更是错综复杂，能够有幸在这段历史长河里竭力一搏，通过自己的亲生经历和个人所见，将钱币与历史事件中的传闻奇事、钱币与国家的荣辱盛衰等背后所包藏的有关故事，以及收藏过程中的真真假假、戏里戏外的事整理出来，以方便大家鉴赏和了解，为钱币收藏活动添一份砖瓦，也是人生一大乐事。

然而，因本人水平有限，在钱币研究方面及知识掌握上仍很肤浅，有不足之处，恳请藏界大家多多指正。当然，成书事小，为大家提供一点科普学习之鉴才是事大。在我看来，“藏者有其说”也并非我一个人能说得好或说得准，学海无崖，相信许多收藏爱好者与我都有共同的心愿，做而不说，不是我的做事风格，说了又有不到之处，还望大家多多批评。

在成书过程中，本人除查阅相关史籍之外，也借鉴了许多专家学者多年呕心沥血的研究成果，更从网上转载了不少相关内容进行补正，以便丰富题材，来完善拙劣之作，在这里就不一一指名道谢了。俗话说，“众人拾柴火焰高”，笔者只是将大家的心得融汇于本集而已。诚然，在这里也要十分感谢胡京安、王动、徐韬、马江喜、郝润东、唐旭东、王维平等收藏方面曾给予过大力支持与指正纠错的朋友们，也十分感谢周世民、任伯利、商波波、丛芯等同事、朋友以及各位泉界朋友们的厚爱和帮助，是你们助我成此一书，也欢迎各界藏友和读者多提宝贵意见。

二〇一四年十二月于北京